가문비나무의 노래

Original title: KlangBilder. Werkstattgedanken
Ein Kalendertagebuch für 7 Jahre aus der Geigenbauwerkstatt von Martin Schleske mit
52 Fotografien von Donata Wenders
by Martin Schleske, photographs by Donata Wenders
© 2011 by Kösel-Verlag
a division of Verlagsgruppe Random House GmbH, München, Germany.

Korean translation copyright © 2013, Nikebooks
The Korean edition is published by arrangement with Kösel-Verlag, a division of
Verlagsgruppe Random House GmbH, München, Germany through Yu Ri Jang
Literary Agency, Seoul, Korea.

이 책의 한국어판 저작권은 유리장 에이전시를 통해
저작권자와 독점 계약한 니케북스에 있습니다.
신 저작권법에 의해 한국 내에서 보호를 받는 저작물이므로
무단 전재와 무단 복제를 금합니다.

아름다운 울림을 위한 마음 조율

가문비
나무의
노래

마틴 슐레스케 지음
유영미 옮김
도나타 벤더스 사진

니케북스

머리말
모든 일에 깨어 있는 '카이로스'의 순간

인생에 주어진 시간을 알차게 보내려면 하루하루 지혜가 필요합니다. 나중에 돌아볼 때 삶을 가치 있게 하는 것은 우리가 보낸 세월의 양이 아니라, 얼마나 충만한 시간을 보냈느냐 하는 것입니다. 고대 그리스 사람들은 의미 없이 그저 흘러가는 시간을 '크로노스Chronos'라 하고, 특별한 의미가 담긴 시간을 '카이로스Kairos'라 했습니다. 깨어 있음으로 현재에 충실한 삶은 카이로스가 무엇인지 아는 삶입니다. 카이로스는 생명으로 채워진 현재입니다. 오스트리아 화가 훈데르트바서Hundertwasser, Friedensreich Regentag Dun-kelbunt는 몇 년 전 뮌헨에서 전시한 작품 중 하나에 이런 글을 적어 놓았습니다.

 "우리에게는 이제 생명에 관한 비유를 만들어낼 능력이 없다. 내적 깨달음을 얻기는커녕, 더는 우리 주변이나 우리 안에서 일어나는 사건을 해석할 능력이 없다. 이로써 우리는 하느님의 형상이기를 그

만두었다. 우리는 그릇되게 살고 있다. 우리는 죽었다. 그저 오래전에 썩어버린 인식을 갉아먹고 있을 따름이다."

이 말은 내 인생의 동기가 되었고, 비유의 책인 《울림―삶의 아름다운 의미를 찾아서》를 쓰게 했습니다. 그 책에 담은 문장은 단순히 책상머리에 앉아 생각한 것이 아니라, 작업장에서 바이올린을 만드는 동안 '듣고 본' 것입니다. 나는 이처럼 비유적인 계시의 순간이 모든 사람의 일상에 있음을 확신합니다. 그런 순간들에 주의를 기울이기만 하면 누구나 카이로스의 시간을 잡을 수 있습니다.

일상에서 일어나는 모든 일에 깨어 있다 보면 일상이 기도가 됩니다. 바로 이 지점에서 믿음과 일은 하나가 됩니다. 그런 깨어 있음을 '창조성'이라 부를 수도 있고, '영성'이라 부를 수도 있겠지요. 어느 쪽이든 간에 그런 상태는 소유할 수 있는 것이 아닙니다. 오히려 자신이 '쓰이도록' 내주어야 합니다. 이는 사랑하면서 찾는 것, 찾으면서 사랑하는 것입니다. 창조성 혹은 영성은 우리 주변과 우리 안에서 일어나는 일들에 메시지를 줍니다.

내게 믿음은 차츰차츰 만들어지는 작품과 같습니다. 그것은 예술 작품과 비슷합니다. 그 안에서 창조석인 힘, 즉 거룩한 현존이 효력을 발휘하기 때문입니다. 그래서 나는 이 책에 서로 떼려야 뗄 수 없는 나의 일과 믿음을 담았습니다.

칠 작업에 쓰이는 재료는 수없이 많습니다. 그 많은 재료 중에서 나의 바이올린에 쓸 칠감을 엄선해내듯이 나는 비유의 책 《울림─삶의 의미에 관하여》에서 각별한 문장을 엄선해냈습니다. 바로 그 문장들을 모아 이 책, 《가문비나무의 노래》로 엮었습니다. 이 책을 곁에 두고 짧은 글 한 편에서 영감을 얻고, 하루하루의 소중한 경험, 만남, 카이로스의 순간 등을 기억해두시기 바랍니다. 바로 이런 것들이 우리 삶에 노래가 되어 흐를 테니까요.

   사진작가 도나타 벤더스와 더불어 작업한 시간은 놀라웠습니다. 그야말로 카이로스의 순간들이었습니다. 그녀의 사진은 현재를 묘사하는 데 그치지 않고, 한 걸음 더 나아가 새로운 장면을 만들어냈습니다. 그녀와의 작업에는 서로에 대한 존중과 기쁨이 함께했습니다. 그녀는 내가 무엇을 하는 사람이며, 누구인지를 보여주었습니다. 덕분에 나는 사진 작업을 한 뒤로 일상에 더 많은 의미를 부여하게 되었습니다. 도나타에게 고마움을 전합니다.

2011년 8월 슈톡도르프에서,
바이올린 제작자 마틴 슐레스케

❖
❖
❖

차례

머리말 — 4

가문비나무의 지혜 — 17
노래하는 나무를 찾아서 — 21
체념과 실망 — 25
거룩한 나무 — 29
정신의 광합성 — 33
조화로운 대립 — 37
일정한 흐름 그리고 파격 — 41
사랑받는 사람의 자신감 — 45
중용과 대립 — 49
공간을 여는 울림 — 53
은혜와 일 — 57
용인과 형상화 — 61
때로는 방해받으며 — 65
당신은 사랑받는 사람 — 70
진리와 자비 — 75
노예가 아니라 봉사자로 — 79

삶에 입맞춤하며 — 83
장인의 지혜 — 87
나무를 존중하며 — 91
창조와 작도 — 95
직선에는 하느님이 없습니다 — 99
울림 있는 삶으로 — 103
부단한 연습 — 107
우리는 신의 악기입니다 — 111
소명의 삶으로 — 116
형태와 울림 — 121
작곡가와 연주자 — 125
사랑과 수난 — 129
자동 피아노 — 133
잡초와 알곡 — 137
조율된 악기 — 141
정련 — 145
사랑의 줄에 매여 — 149
샤콘 — 153
창조적인 불안 — 157
의심과의 대화 — 161

울타리를 넘어 — 165

은혜의 선물 — 170

역설 속의 진리 — 175

고통의 한가운데 — 179

진리에 금 긋기 — 183

숨어 있던 곳을 떠나 — 187

좋은 혼합법의 비밀 — 191

에너지를 내주며 — 195

하늘과의 상호작용 — 199

치유에 이르는 자기 망각 — 203

참회의 장소 — 207

소망 — 212

교향곡 — 217

신학자와 예술가 — 221

삶의 원칙 — 225

삶에 제동 걸기 — 229

옮긴이의 말 — 236

❖
❖
❖

가문비나무의 지혜

Week 1

고지대에 빼곡히 자라는 나무들은 바이올린 제작자에게 가히 은총입니다. 이런 곳에 곧추선 가문비나무는 아주 위쪽에만 가지가 나 있습니다. 밑동에서부터 40~50미터 까지는 가지 하나 없이 줄기만 쭉 뻗었지요. 바이올린의 공명판으로 사용하기에 이보다 좋은 나무는 없습니다. 저지대에서 몇 년 만에 서둘러 자란 나무는 고지대에서 2~300년 넘는 세월 동안 서서히 자란 가문비나무와 견줄 것이 못 됩니다. 저지대의 온화한 기후 속에서 빨리 큰 나무는 세포벽이 그리 단단하지 않습니다. 이런 나무는 나이테의 폭이 넓고, 늦가을까지 계속 새로운 조직을 만들어냅니다. 늦여름과 가을에 만들어지는 부분을 '추재late wood'라고 하는데, 추재 비율이 높은 나무는 세포벽이 두껍고 섬유가 짧습니다. 또 줄기 아랫부분까지 가지가 무성하지요. 이런 나무로 바이올린을 만들면 매력적인 소리가 나지 않습니다. 울림의 진수가 생기지 않습니다. 하지만 산의 거장들은 다릅니다. 고지대의 가문비나무들은 천천히 자라면서 아래쪽 가지들을 스스로 떨굽니다. 어두운 산중에서 살아남기 위해 위쪽 가지들은 빛을 향해 위로 뻗어오르고, 빛이 닿지 않는 아래쪽 가지들은 떨어져 나가지요. 바이올린 만들기에 딱 좋은 '가지 없는 목재'가 바로 이렇게 만들어집니다. 수목 한계선 바로 아래의 척박한 환경은 가문비나무가 생존하는 데는 고난이지만, 울림에는 축복입니다. 메마른 땅이라는 위기를 통해 나무들이 아주 단단해지니까요. 바로 이런 목재가 울림의 소명을 받습니다.

Day 1

인생은 선택의 정글을 헤쳐가는 과정입니다. 우리는 무엇을 하고 무엇을 포기할지 끊임없이 결정해야 합니다. 고지대의 가문비나무에서 우리는 귀한 지혜를 봅니다. 가문비나무는 어둠 속에 놓인 마르고 죽은 가지를 스스로 떨굽니다. 그 안에는 생명이 없기 때문이지요. 그렇게 죽은 것을 떨쳐낸 자리에서 울림의 진수가 생겨납니다! 나이테가 촘촘하고, 잔가지가 없고, 섬유가 긴 나무, 그것은 언젠가 바이올린이 되어 아름답게 울릴 질 좋은 목재입니다.

Day 2

가문비나무는 우리에게 죽은 것을 버리라고 가르칩니다. 옳지 않은 것과 헤어지라고 말합니다. 빛을 가리는 모든 행동과 결별하라고 이릅니다. 이는 곧 솔직함, 진정성, 정의, 자비, 화해가 없는 모든 일에서 멀어지는 것입니다. 울림 있는 삶에는 지혜와 용기가 필요하지요. 살아가면서 어떤 부분과 결별해야 하는지 자신에게 물어보십시오. 지혜로운 사람은 자기의 힘과 가치를 앗아가는 죽은 가지를 알아봅니다.

Day 3

노래하는 나무는 자기 생명에 해로운 것을 버립니다. 희생합니다. 사람도 마찬가지입니다. 우리는 죄를 지을 수 있지만 죄짓지 않는 쪽을 택합니다. 죄를 짓지 않는다는 것은 죄를 지을 수 있음에도 그렇게 하지 않는다는 뜻입니다. 우리에게는 해로운 것을 버릴 선택의 자유가 있습니다.

Day 4

강한 사람은 무엇이든 할 수 있다 해도 그 모든 것을 취하지 않습니다. 여기서 좋은 울림이 탄생합니다. 생명의 진수가 생겨납니다. 자기를 희생하는 삶은 원하는 것을 모두 가지는 삶보다 제한적이고 앞으로 나아가는 속도가 더디겠지만, 그만큼 더 진실되고 아름다워집니다. 성서는 마음의 가난을 칭찬합니다. 마음이 가난해진다는 것은 모든 것을 가지려 하지 않는다는 뜻입니다. 강한 사람에게는 울림을 방해하는 것을 버리는 힘이 있습니다.

Day 5

하느님의 뜻을 좇는 사람은 언뜻 보기에 늘 손해보고 더 가난해지는 쪽을 선택하는 것 같습니다. 하지만 알고 보면 그렇지 않습니다. 성서가 칭찬한 가난은 많은 선택지 중에서 자신의 소명에 해가 되는 쪽을 포기하는 것이니까요.

Day 6

어렵다고 모두 해가 되는 것이 아니고, 쉬운 것이 모두 축복은 아닙니다. 기름진 땅, 저지대의 온화한 기후에서 나무들은 빠르게 쑥쑥 자랍니다. 우리가 복으로 여기는 풍요로움도 종종 그렇습니다. 풍요로운 땅에서 나무는 기름지고 빠르게 자랍니다. 하지만 울림에는 부적합하지요.

노래하는 나무를 찾아서

Week 2

옛사람들은 '노래하는 나무'를 찾아낼 줄 알았습니다. 예부터 대대로 바이올린을 만들어온 가문에는 그들만의 비법이 있습니다. 그들의 선조는 산속 계곡에서 나무들을 뗏목으로 묶어 날랐습니다. 그러다 물살 센 곳에 이르면 나무 둥치들이 서로 부딪히는 소리에 귀를 기울였다고 합니다. 뗏목으로 묶여 이리 저리 움직이던 나무 중 몇몇은 청명한 소리로 울렸고, 바이올린 제작자들은 그 소리를 듣고 좋은 바이올린이 될 만한 나무들을 가려냈습니다. 노래하는 나무가 될 만한 재목은 1만 그루 중 한 그루가 될까 말까 합니다. 숲에서 노래하는 나무를 찾는 일은 인내가 필요한 모험입니다. 망치의 뭉툭한 쪽으로 나무 둥치를 톡톡 두드리며 진동을 느끼고 나무의 울림을 듣기를 얼마나 많이 반복했던지요. 온 마음을 기울여 바이올린으로 탄생할 만한 나무를 찾았을 때, 바이올린 제작자의 가슴은 높이 뜁니다. 수없는 시도 끝에 종소리와 같은 울림을 가진 나무를 발견했을 즈음, 몸은 벌써 지쳐 있습니다. 그러나 숲에서 돌아 나오는 마음만은 더없이 가볍고 기쁩니다.

 울림이 좋은 바이올린 재목을 찾는 데 이렇게 큰 수고를 들여야 한다면, 울림 있는 삶을 사는 데는 얼마나 많은 노력이 필요할까요? 삶은 순례의 길입니다.

Day 1

당신은 무엇을 찾고 있습니까? 우리가 무엇을 추구하는가에 따라 삶이 달라집니다. 평생 소중한 것을 추구하는 일, 그것이 인간 정신이 따라야 할 소중한 계명입니다.

Day 2

순례자는 길 위에서 자신의 근본과 소명과 한계를 의식하는 사람입니다. 우리는 자꾸만 스스로 '아는 사람'인 듯 여깁니다. 아는 사람이 아니라 '찾는 사람'이 되는 것이 순례의 길입니다.

Day 3

노래하는 나무들은 대부분 어렵고 불리한 조건에서 자랍니다. 노래하는 나무가 클 수 있는 지역은 알프스에서도 얼마 되지 않습니다. 고도, 방위, 풍향, 기후, 토질……. 역경을 견뎌야 하는 척박한 땅에서 울림 있는 나무들이 자랍니다. 그곳에서 나무는 저항력을 기르고, 세포들은 진동하는 법을 익힙니다. 빨리 자란 나무는 저항력이 약합니다. 빨리 자란 나무는 자유롭게 공명하지 못합니다. 인간도 마찬가지입니다. 높아진 마음, 부유한 마음은 영靈의 음성을 듣지 못합니다. 신을 향한 동경을 알지 못하는 까닭입니다.

Day 4

노래하는 나무는 반드시 죽음을 거칩니다. 나무는 바람에 부러지거나 인간의 손에 베입니다. 낭떠러지와 거센 물살을 경험합니다. 이는 우리가 세례를 통해 새로운 삶으로 들어가는 것과 같습니다. 나무는 이제 장인의 손에서 가공되어 바이올린으로 울리게 됩니다. 숲에서는 감히 상상하지도 못한 울림이 퍼져 나옵니다. 삶의 의미를 찾는 것, 소명을 아는 것이 이와 같습니다.

Day 5

간절히 신을 찾던 마음, 그 동경의 불꽃이 차갑게 식어버린다면, 그 전까지 '믿음'이라 여기던 것이 다 타버린 '교리'가 되어 차가운 재로 남게 될 것입니다.

Day 6

열정이 없다면, 우리는 기름진 땅에 서서 이렇게 말하겠지요. "이 나무로 합시다. 울림은 좋지 않겠지만, 가져가기 쉽잖아요." 길가에 있는 나무는 힘들이지 않고 취할 수 있습니다. 그러나 아름다운 울림은 얻을 수 없습니다. 소중한 것을 얻으려면 수고를 감내해야 합니다.

체념과 실망

Week 3

가파른 기슭, 바람에 쓰러진 나무들 가운데 좋은 소리를 가진 나무를 찾으러 간다고 하면 많은 사람이 이렇게 말합니다. "어휴, 지금은 가봤자 그런 나무 못 찾아. 그냥 따뜻한 난로 옆에 앉아서 눈이 녹을 때까지 기다려!" 늘 가만히 있으라고 말하는 사람들이 있습니다. 이런 말은 우리에게서 믿음과 용기를 앗아가고, 꿈과 열정을 잠재웁니다. "옛날에 우리도 다 해봤어. 그런데 별 소득 없더라. 그러니 헛수고 하지 말고 여기 앉아 노닥거려. 현실을 직시하고 타협하라고!"

소위 '뭘 좀 안다'고 하는 사람들은 종종 자기 '경험'을 바탕으로 '충고'를 합니다. 그런데 충고 뒤에는 '체념'이 숨어 있는 일이 많습니다. 우리는 체념의 경험이 많은 사람을 조심해야 합니다. 그들의 충고는 오히려 희망의 싹을 죽이고 실망과 체념을 퍼뜨립니다. 마음속에 은밀히 체념을 키워온 사람들의 충고를 조심하십시오. 그들은 경험으로 정신을 옭아맨 사람들입니다. 이런 사람들의 충고만큼 희망을 꺾는 것도 없습니다. 그들의 말을 믿으면 우리에게도 똑같은 일이 일어날 것입니다.

Day 1

일상의 실망과 충격은 우리 삶에 흔적을 남깁니다. 노자는 이렇게 말했습니다. "인간의 마음은 넘어질 수도 있고, 뒤흔들릴 수도 있다. 넘어진 마음은 사로잡힌 죄수와 같고, 뒤흔들린 마음은 미치광이와 같다." 둔탁하고 막힌 소리가 나거나 경박하고 시끄러운 소리가 나는 악기는 조율해야 합니다. 이런 마음이 든다면 우리 마음에도 조율이 필요합니다.

Day 2

우리는 사는 동안 샘을 파야 합니다. 샘이 솟는 장소를 찾아야 합니다. 마음이 부유한 사람은 샘이 솟는 곳을 발견하지 못할 위험이 있습니다. 목마르지 않은 까닭입니다. 그러니 찾지 않고, 발견하지 못합니다. 그들은 애타게 기다리고 간절히 구하는 것이 무엇인지 모릅니다.

Day 3

우리가 누구인지 보여주는 것은 우리가 받아들인 교리가 아니라, 우리 삶에 얽힌 관계들입니다.

Day 4

"당신이 하는 일을 내게 알려주시오. 그러면 당신이 무엇을 믿는지 알려 주겠소." 우리가 어떤 사람인지, 신앙인인지 아닌지는 우리가 설파하는 세계관이나 종교적인 교리에서 드러나지 않습니다. 우리가 어떤 사람인지는 우리가 무엇을 하면서 시간을 보내는지, 우리가 어떤 일에 힘을 쏟는지 등에서 드러납니다.

Day 5

때로 신은 우리를 '묻는 사람', '구하는 사람', '듣는 사람'으로 남게 하고자 우리에게서 모습을 감춥니다.

Day 6

게으른 마음으로는 노래하는 나무를 찾을 수 없습니다. 하물며 그런 마음으로 어떻게 하느님을 찾을 수 있을까요? 마음이 게으른 사람의 삶에는 울림이 없습니다. 요즘 마음의 평화를 얻는 것이 가장 중요하다는 생각이 대세입니다. 하지만 아닙니다. 소명은 우리를 불안하게 합니다. 소명은 무심하지 않습니다. 무심한 평온보다 거룩하고 만성적인 불안이 낫습니다.

거룩한 나무

Week 4

오래전부터 나무는 인류의 생존과 떼려야 뗄 수 없는 존재였습니다. 건축 재료로서 목재는 아늑한 삶의 공간을 만들어주었고, 더러는 땔감이 되어 우리 몸을 녹여주었습니다. 사람들은 나무로 불을 피워 맹수로부터 가족을 보호했고, 음식을 익혔습니다. 또한 나무는 인류의 문화, 생활, 기쁨, 슬픔, 의식에도 깊은 영향을 주었습니다. 나무는 가장 오래된 악기의 재료로 인류의 문화사에 깊이 개입했으니까요. 헤세Hesse, Hermann는 이렇게 말했습니다. "나무는 내게 언제나 사무치는 설교자였다. 나무와 이야기할 줄 아는 사람, 나무에 귀 기울일 줄 아는 사람은 진리를 경험한다. 나무는 교훈이나 비결을 설교하지 않는다. 삶의 가장 근원적인 법칙을 노래할 뿐이다." 그렇습니다. 나무는 삶의 원리를 보여줍니다. 뿌리는 나무에 양분을 공급할 뿐 아니라, 나무에서 양분을 얻기도 합니다. 뿌리 역시 잎이 만든 영양이 필요하니까요. 그래서 모든 나무줄기에는 두 갈래 길이 있습니다. 물관을 통해서는 뿌리로부터 수분과 양분이 올라가고, 바깥쪽 체관을 통해서는 단물이 뿌리 쪽으로 내려갑니다. 더불어 사는 것이지요. 뿌리가 물을 전달하지 않고 자기만을 위해 머금고 있으면 잎은 시들어버릴 것입니다. 또 잎이 햇빛으로부터 받은 것을 전달하지 않고 모두 간직하고자 한다면, 뿌리가 죽을 것입니다. 얻기만 하고 아무것도 내주지 않는 태도는 자신을 죽이는 길입니다. 잎이 뿌리를 죽게 하거나 뿌리가 잎을 죽게 하면, 나무도 죽고 말 테니까요.

Day 1

뿌리와 잎은 서로 반대 방향으로 자랍니다. 한쪽은 땅속 깊이 파고 들어가고, 한쪽은 빛을 향해 뻗어갑니다. 그렇지만 둘 다 자기 재능과 소임에 충실합니다. 깊은 곳에 있는 물을 찾아 나서는 뿌리, 빛에 열려 있는 잎!

Day 2

뿌리와 잎은 자기 본질에 충실하여 상대에게 자신의 것을 내줍니다. 그들은 생명을 나눕니다. 서로가 서로에게 잇대어 있고, 서로가 서로를 위해 만들어졌기 때문입니다.

Day 3

나뭇잎이 뿌리 흉내를 내어 땅 속으로 기어들면 나뭇잎은 이내 썩어버립니다. 뿌리가 나뭇잎 흉내를 내어 공중으로 뻗어나가면 뿌리는 이내 말라버리지요. 더불어 살아가려면 각자의 몫이 다름을 인정하고 서로를 다 이해하지 못해도 서로 신뢰해야 합니다.

Day 4

다른 사람을 존중한다는 것은 그가 나와 똑같아지기를 바라지 않고, 그의 소명과 장점과 능력을 있는 그대로 보는 것입니다. 자기 자신이 세상의 전부인 양 행동하지 않기, 주기만 하거나 받기만 하는 교만에 처하지 않기, 서로 다름을 관용하는 동시에 의식적으로 서로를 위해 살기. 이는 미학적 사치가 아니라, 살아가는 데 꼭 필요한 조건입니다.

Day 5

어떤 사람들은 우리가 이해하지 못하는 특성을 지니고, 우리가 이해하지 못하는 방식으로 살아갑니다. 하지만 서로 이해하지 못하는 뿌리와 잎처럼, 그들 역시 우리를 위해 존재합니다. 이것이 신비입니다.

Day 6

소명을 '자아실현'쯤으로 생각해서는 안 됩니다. 오로지 자기만 생각하는 사람은 나무에서 떨어져나와 바람결에 우습게 흩날리면서 '내 소명은 뭐지?' 하고 생각하는 나뭇잎과 비슷할 것입니다.

정신의 광합성

Week 5

나무의 잎은 하나하나가 모두 '공장'입니다. 그 공장에서 보이지 않는 빛이 생명 에너지로 바뀝니다. 이것이 바로 광합성이지요. 대기 중에 보이지 않게 존재하던 탄소는 광합성을 통해 눈에 보이는 물질이 됩니다. 이렇게 태양에너지는 삶 속에 스며들고 생명이 됩니다. 하느님이 우리에게 빛을 비출 때, 우리 안에서도 정신의 광합성이 일어납니다. 그것은 하느님의 빛이 우리 안에서 구체적인 삶으로 변하는 거룩한 과정입니다.

그러나 하느님은 우리에게 억지로 빛을 비추지 않습니다. 하느님의 영靈은 우리의 뜻을 존중합니다. 받아들일 마음이 있는지 묻고, 우리 내면의 대답에 귀 기울입니다. 우리가 어둠 속에서 마음의 문을 걸어 잠그고 있으면 억지로 강요하지 않습니다. 반대로 받아들이고자 마음을 여는 사람은 나뭇잎을 펼치고 빛을 향해 나아가는 나무처럼 생명을 펼치게 됩니다.

Day 1

하느님은 우리를 존중합니다. 그의 사랑은 강압적이지 않습니다. 그 사랑은 부드럽고 겸손합니다.

Day 2

햇빛이 나뭇잎 안에서 탄소를 변화시키듯이, 사랑은 사랑받는 사람 안에서 그의 성품을 바꿉니다. 이것이 사랑의 본질입니다.

Day 3

사람들은 보통 능동적인지 수동적인지 구분하지요. 그러나 신앙에는 제3의 길이 있습니다. 바로 '받는 것'입니다. 그것은 은혜의 길입니다. 본질적인 것은 오직 '받을' 수만 있습니다. 그런데 받으려면 우리가 '받을 수 있는 사람'이어야 합니다. 우리는 스스로 그런 사람이 될 수 있습니다. 부드럽고 겸손하게 욕심을 내려놓고, 마음을 열면 됩니다.

Day 4

성 어거스틴 Saint Augustine 은 "우리 혀가 침묵할지라도 우리의 동경은 끊임없이 기도한다"고 말했습니다. 신은 우리 입의 말보다 우리 마음의 울림에 더 귀 기울이고, 그 울림을 해석합니다.

Day 5

성서는 "온 마음으로 구하면 하느님을 찾을 수 있고 만날 수 있다"고 말합니다. 구하고 찾는 마음에 하느님이 오신다는 뜻입니다. 구하고, 묻고, 연구하고, 기도하기. 이것이 바로 신에 대한 감수성입니다.

Day 6

가문비나무는 위쪽에만 생가지를 달고 있습니다. 그곳에서 가지들은 빛을 향해 뻗어가고 자라납니다. 빛을 통해서만 바늘잎이 나고 자랄 수 있습니다. 빛을 받지 못하는 것은 사멸합니다. 이는 살아 있는 모든 것에 적용할 수 있는 지혜입니다.

조화로운 대립

Week 6

기원전 6세기에 사람들은 비례와 조화로 아름다움을 논했습니다. 초기 피타고라스학파 사람들 역시 짝수와 홀수, 유한성과 무한성, 오른쪽과 왼쪽, 남자와 여자, 직선과 곡선의 대립에 조화가 있다고 보았지요. 상반되는 두 요소 중 하나를 배제하는 것이 아니라, 둘이 서로 긴장을 유지하며 존재할 때 조화가 이루어집니다. 조화는 대립의 부재가 아니라, 대립하며 존재하는 '관계'입니다.

아름다움이란 과연 무엇일까요? 젊은 시절 새내기 바이올린 제작자로서, 나는 끊임없이 아름다움의 본질을 묻고 또 물었습니다. 부단히 바이올린 모델을 만들어보며, 내가 따라야 할 내적 법칙을 탐구했지요. 바이올린은 어떻게 해서 바이올린의 형태를 갖추게 될까? 완벽한 울림 뒤에는 어떤 비밀이 숨어 있을까?

그러던 어느 날, 독일의 바로크 건축가 노이만_{Neumann, Johann Balthasar}의 탄생 300주년 기념 전시회가 열렸습니다. 나는 그 전시회에서 노이만 스타일의 기본 개념이 무엇인지 깨달았습니다. 그것은 바로 친숙한 것과 낯선 것 사이의 '조화로운 대립'이었습니다. 바이올린을 만드는 일도 마찬가지였습니다! 원호는 친숙한 형태입니다. 그런데 원호 사이에서 예기치 않은 변동이 생깁니다. 이때, 친숙한 형태와 뜻밖의 형태가 멋진 변증법으로 서로 맞물립니다. 둘이 합쳐져 조화로운 대립을 이루지요. 서로 대립하는 것이 조화로운 까닭은, 둘이 합쳐져 하나의 전체가 되기 때문입니다. 한쪽은 다른 한쪽 없이는 존재할 수도 없고 존재해서도 안 됩니다.

Day 1

익숙한 흐름 없이 뜻밖의 요소만 있으면 제멋대로 되고, 뜻밖의 요소 없이 익숙한 것뿐이면 지루해집니다. 이탈리아의 위대한 바이올린 장인 스트라디바리Stradivari, Antonio도 바이올린을 만들 때 익숙한 패턴과 시각적 변화를 번갈아 보여주는 미학적 유희를 적용했습니다. 혹시 우리는 너무나 익숙한 것만 원하고 있지 않은지요?

Day 2

좋은 바이올린과 마찬가지로 인생에서도 익숙한 것과 낯선 것, 친밀함과 거리 두기의 상호작용이 중요합니다. 울림이 있는 삶에는 노이만의 건축 원칙이 구현됩니다. 익숙하고 친숙한 것만 추구하면 영감이 오지 않습니다. 이질적이고 낯선 것뿐이면 소통할 수 없습니다.

Day 3

익숙한 것에 대한 기대가 채워질 때 우리는 안정감을 느낍니다. 익숙한 흐름이 너무 드물게 나타나면 우리는 불안하고 혼란합니다. 친숙한 것과 낯선 것이 적절히 반복되는 음악은 아름답습니다. 아름다움의 기본 법칙은 인간관계에도 적용됩니다. 상대가 익숙하기만 하면 관계에 발전이 없습니다. 그러나 상대가 너무 종잡을 수 없으면 관계는 어렵고 복잡해집니다. 살아 있는 관계를 유지하는 데는 상호작용의 균형이 필요합니다.

Day 4

발전을 원하면서 낯선 것을 꺼리는 태도는 모순입니다. 위기 없는 인생, 공명 없는 악기, 단순한 원, 여기에는 한 가지 공통점이 있습니다. 발전이 없다는 것이지요. 낯선 것을 피하는 태도는 연구하고, 발견하고, 소통하고, 만들고, 성장하고, 성숙할 가능성을 무너뜨립니다.

Day 5

매력적인 것은 모두 규칙적이고 정렬된 패턴과 낯설고 불확실한 패턴을 함께 지닙니다. 이런 상호작용이 모두에게 아름다움을 느끼게 합니다.

Day 6

우리는 삶의 예술가가 될 수도 있고, 소비자가 될 수도 있습니다. 삶의 소비자는 인생에서 아무것도 깨달을 필요가 없습니다. 그저 자기 삶을 우연에 맡기며 살아갑니다. 그러나 삶의 예술가는 아름다움의 내적 법칙에 관심을 둡니다. 인생에서 자신이 추구하고 원하는 것을 표현하기 위해 어떤 법칙이 허락되었고, 어떤 법칙이 금지되었는지를 압니다.

일정한 흐름 그리고 파격

Week 7

좋은 바이올린은 연주자와 교감합니다. 그런 바이올린은 연주자가 음을 빚어내게 하지요. 스스로 피어나고 빛을 발했다가, 곡이 요구할 때면 스스로 물러섭니다. 도공의 손 끝에서 흙이 빚어지듯이, 울리는 음은 활 아래에서 빚어집니다. 좋은 바이올린은 음악가에게 음을 발견하라고 요구합니다.

좋지 않은 바이올린은 공명이 약해서 길들일 필요가 없습니다. 하지만 아름다운 울림은 공명을 다루는 데서 생겨납니다. 공명을 다루는 일은 악기의 생명을 느끼는 것과 같습니다. 악기를 느낄 줄 알면 악기의 힘이 느껴지고, 악기가 주춤거리는 것도 느껴집니다. 나는 힘있는 악기를 좋아하며, 특히 포르티시모에서 구름 같은 울림에 둘러싸이는 기분을 느끼곤 합니다. 좋은 바이올린은 연주자에게 복종하지 않습니다. 그는 연주자와 같은 눈높이에 있습니다. 그렇기에 연주자는 악기를 길들여야 합니다.

사실 공명은 악기에 위험 요소입니다. 현이 균일하게 진동하는 것을 공명이 방해하기 때문이지요. 바이올린 몸체의 공명이 강할수록, 공명이 현의 진동에 영향을 미치고, 현의 진동을 방해합니다. 그러나 공명은 악기에 꼭 필요한 요소입니다. 공명이 없다면 악기를 다루기가 더 쉽겠지만, 그럴 때 울림은 생명을 잃습니다.

Day 1

예수의 삶은 전형典型과 파격을 너무나 대조적으로 보여줍니다. 제자들과 많은 동시대인이 기대한 위대한 메시아적 전형. 그러나 그 영웅은 십자가에 못 박혀버림으로써 흔히 통용되는 메시아적 전형을 파괴했습니다.

Day 2

단순히 일이 잘되기만을 바라는 것은 천박한 신앙입니다. 반쪽 그림만 그리지 않으려면 친숙한 것뿐 아니라 예기치 못한 것도 인정해야 합니다.

Day 3

예수는 사로잡혀 심문당하고, 매 맞고, 욕을 먹습니다. 그는 "내 삶이 얼마나 아름다운가!" 노래하지 않고, "나의 하느님, 나의 하느님, 당신은 왜 나를 버리셨습니까?" 하고 외칩니다. 그는 수많은 사람과 함께 그렇게 외칩니다. 그는 하느님에 대한 신뢰 안에서 끝없는 고통을 견딥니다.

Day 4

십자가와 예수의 고통 앞에서 값싼 믿음, 값싼 의심은 설 자리가 없습니다. 성공을 위해 신앙을 발판으로 삼는 태도는 십자가 앞에서 온전히 견디지 못합니다. 온 세상이 외적인 성공을 향해 매진하고 있습니다. 그런 욕심이 종교의 옷을 입고 나타날 때, 그것은 종교를 천박하게 만듭니다. 이는 신을 모독하는 일입니다.

Day 5

십자가는 엄청난 호소력을 지닙니다. 십자가가 들려주는 메시지는 신의 영광이 아닙니다. 강한 자의 성공도 아닙니다. 십자가의 메시지는 시련을 겪는 자가 보여주는 믿음이며, 억압당하는 자가 보여주는 희망입니다. 또 부름 받은 자가 보여주는 충성이며, 조롱당하는 자가 보여주는 사랑입니다!

Day 6

세속적인 성공을 복으로 여기는 종교는 세상에 아무것도 줄 것이 없습니다. 그런 종교가 이야기하는 것은 세상도 누누이 강조하고 있는 내용이니까요.

Week 8

사랑받는 사람의 자신감

우리 아들 로렌츠가 일곱 살 때였습니다. 로렌츠는 내가 일하다가 잠시 쉬는 시간이 나에게 얼마나 소중한지 알고 있었습니다. 카푸치노 한 잔과 신문을 앞에 놓고 드디어 잠시 안식을 취하는 시간. 하지만 내가 그렇게 쉴라 치면 로렌츠는 번번이 신문을 들추고 내 무릎으로 파고들었습니다. 대뜸 신문을 옆으로 젖혀놓고 내 팔을 자기 배에 두르고는 푹신한 소파에 앉은 것처럼 등을 기대고 내 어깨에 머리를 올렸습니다. 나는 피곤했지만 웃을 수밖에 없었지요.

로렌츠는 아빠의 휴식을 방해하는 것이 당돌한 행동임을 알고 있었습니다. 동시에 자기가 내보이는 친밀감의 표현을 아빠도 싫어하지 않을 거라는 사실 역시 알고 있었지요. 로렌츠의 장난은 자신이 사랑받고 있음을 아는 사람만이 할 수 있는 신뢰의 행동이었습니다. 아이들은 스스로 사랑받는다는 것을 압니다. 아이들은 사랑하는 이를 신뢰합니다. 예수는 "너희가 어린아이와 같이 되지 않으면 천국에 들어갈 수 없다"고 말합니다. 우리는 사랑을 신뢰해야 합니다.

Day 1

우리가 경험하는 고통 가운데 많은 것은 성장통입니다. 내적 성장통이지요. 의심이 납덩어리처럼 무겁게 삶을 누르고, 걱정과 고통이 우리를 옭아맬 때, 우리는 믿음을 배워야 합니다. 메마른 땅에서 모진 바람을 이기고 살아가는 브리슬콘 소나무처럼, 가난과 시련 앞에서도 삶을 꿋꿋이 견디기로 한 사람은 내적으로 성장할 수 있습니다. 그렇게 마음먹을 때, 하늘은 우리 존재에 더욱 가까이 드리워지고, 우리를 새로운 삶으로 이끕니다.

Day 2

콜롬비아의 작가 다빌라Dávila, Nicolás Gómez는 이렇게 썼습니다. "하느님과 인간은 너무나 다르기에, 유치한 신학만이 유치하지 않다."

Day 3

삶이 고단하고 힘들수록 사랑을 믿는 힘이 필요합니다. 바로 우리가 그 사랑으로부터 나왔고, 사랑에 힘입어 살며, 마지막에 사랑을 돌려주게 될 것입니다.

Day 4

우리 삶에는 두 가지 놀라운 순간이 있습니다. 하나는 위기의 순간이고, 또 하나는 계시의 순간입니다. 이 둘이 어우러질 때 삶이 아름다워집니다. 하지만 우리는 위기는 원하지 않고 계시만 원합니다. 익숙한 것과 통제할 수 있는 것은 환영하고, 놀라운 것과 낯선 것은 거부하지요. 그럴 때 우리 삶은 아름답지 않습니다.

Day 5

예수의 삶에서 모든 것을 뛰어넘는 파격은 새로운 지혜도 새로운 도덕도 아니었습니다. 오히려 예수의 인식이나 가르침은 오래전부터 존재하는 것이었습니다. 다만 예수는 스스로 인식한 대로 살아내는 본보기를 보여주었습니다. 예수가 우리에게 남긴 가르침이 있다면, 그것은 하느님께 부응하는 인간이 무엇을 할 수 있는지 보여준 것이었습니다.

Day 6

노이만의 스케치에서 '전환점'은 우리 삶의 위기에 해당합니다. 슬프고 불안한 위기를 맞더라도 전환점을 넘어서는 데 성공하면 우리 삶은 새로운 깊이를 얻습니다. 정해진 틀을 깨고 낯선 것을 감당하는 능력은 내적 성숙의 표지입니다.

중용과 대립

Week 9

굽히는 근육과 펴는 근육이 협력할 때 팔을 움직일 수 있는 것처럼, 우리 삶도 상반되는 것이 서로 협력할 때 자유로울 수 있습니다. 팔의 한 근육이 수축하려면 다른 근육이 이완되어야만 합니다. 만약 두 근육 모두 수축하려 한다면 경련이 일어나 움직일 수 없겠지요. 근육은 조화롭게 상호작용하며 일합니다.

조화로운 대립의 원칙은 '황금 중용'과는 거리가 멉니다. 굽히는 근육과 펴는 근육이 황금 중용을 따른다면, 두 근육 모두 약간씩 양보하며 수축할 수는 있겠지요. 이는 어느 쪽도 상대편보다 강한 힘을 발휘하지 않는다는 뜻입니다. 하지만 그렇게 되면 팔은 얼어붙은 듯이 원래의 자세를 유지할 뿐 움직일 수 없습니다. 조화로운 대립이란 그런 것이 아닙니다. 둘 중 하나가 적시에 힘을 발휘할 때, 몸도 마음도 민첩하게 움직일 수 있습니다.

삶이란 정중앙에 흔들림 없이 서 있는 것이 아닙니다. 그런 삶에는 울음도 없고, 웃음도 없으며, 찬양도 탄식도 의심도 없고, 희망도 가벼운 유머도 전심을 다하는 기도도 없습니다. 모든 것이 중간쯤에 엉거주춤 머무를 뿐입니다. 그렇게 되면 모든 울림이 죽고, 모든 의지가 어정쩡한 중간 상태에서 정체될 것입니다. 다양한 기운이 활발하게 일어나는 대신, 삶이 뜨뜻미지근해질 것이며, 결국 영혼의 생기가 사라져버릴 것입니다.

Day 1

거룩한 대립은 양쪽 낭떠러지 사이에서 산마루를 타는 것이 아니라, 이 산봉우리에서 저 산봉우리로 활발하게 넘나드는 것입니다.

Day 2

자유 없는 성실은 굴종이며, 성실 없는 자유는 방종입니다. 평온 없는 열정은 광신이고, 열정 없는 평온은 냉담입니다. 한쪽만 고집하는 것은 유익하지 않습니다.

Day 3

한쪽에 치우쳐 그쪽으로 떨어져 버리는 것은 독선입니다. 독선적인 사람은 자기가 지닌 한 가지 '선善'을 고집합니다. 그는 '고독한 선善'을 찬양합니다. 자신의 치우친 태도를 미화하고, 스스로 옳다 여기며, 자기 자신을 기준으로 삼습니다. 그는 자신의 정신적 불구를 알아차리지 못합니다.

Day 4

조화로운 대립은 자기에게 없는 특성을 존중하는 것입니다. 자기가 옳다고 믿는 '선'을 스스로 영화롭게 하는 것이 아니라, 다른 사람이 가진 '선'을 대단하게 여기는 것이지요. 그 바탕에 놓인 질서가 바로 사랑입니다.

Day 5

온 마음으로 신을 사랑한다는 것은 한쪽으로 치우치지 않고 상반된 힘을 존중한다는 뜻입니다. 그럴 때 우리 마음의 지평이 넓어집니다. 오직 열정 또는 오직 평온만을 고집하는 태도는 신을 반쪽 마음으로 사랑하는 것입니다.

Day 6

모세 오경(구약 성서의 처음 다섯 권. 〈창세기〉, 〈출애굽기〉, 〈레위기〉, 〈민수기〉, 〈신명기〉를 이름)에 나오는 "너희는 거룩하라"는 문장은 명령형입니다. 이는 모든 인간이 자신의 내적 아름다움에 관하여 스스로 책임져야 한다는 뜻입니다. 신은 우리에게 선택할 권리를 주었습니다. 그렇기에 우리가 해야 할 일을 신이 대신 해주지 않습니다.

Week 10

공간을 여는 울림

바이올린 소리를 들으며 인간 영혼의 음색을 생각해봅니다. 바이올린이 내는 좋은 음의 비결은 '모순'에 있습니다. 모순이 울림에 입체감을 불어넣거든요. 매력적인 음은 언제나 여러 가지 요소를 지닙니다. 여러 요소를 품지 않은 울림은 단조롭습니다. 조절 가능한 여러 요소가 한데 있을 때, 음은 비로소 활기를 얻고 매력을 발산합니다. 다양한 음을 빚어낼 가능성이야말로 좋은 바이올린의 가장 중요한 시금석입니다. 좋은 울림은 입체적입니다. 좋은 음은 공간을 엽니다.

내가 작업실에서 다루어본 바이올린 중에 특히 인상 깊었던 것은 1721년에 제작된 스트라디바리우스Stradivarius였습니다. 그 바이올린은 절제되고 맑은 소리를 가지고 있었습니다. 그리고 입체적 울림으로 공간을 가득 채웠습니다. 열정적이지만 날카롭지 않은 음. 쿰쿰한 지하실처럼 잦아들면서도 끝까지 분간할 수 있는 음. 이런 바이올린은 거친 음을 내도 조잡해지지 않으며, 높은음을 내도 천박해지지 않습니다. 오히려 달콤하고 감각적이지요. 피아니시모는 부드러우면서도 숨이 막힐 것 같고, 포르티시모는 외치는 동시에 속삭입니다. 이 같은 모순은 깨지지 않습니다. 울림의 매력은 바로 이런 모순에 있습니다.

Day 1

따뜻함과 화려함, 풍만함과 명징함, 부드러움과 강함. 이런 대립으로 연주되는 울림은 아름답습니다. 화려함과 명징함과 강한 힘이 없으면 음은 뭉툭하고 맥이 빠집니다. 반대로 따뜻함과 풍만함, 부드러움이 없다면 음이 날카롭고 거슬리겠지요. 약간의 이것, 약간의 저것이 비굴하게 섞이는 것이 아닙니다. 좋은 울림에는 언제나 대립적인 특성이 함께 있습니다. 혹시 삶이 너무 한쪽으로만 치우쳐 있지는 않은가요? 모순 없는 삶은 얼마나 편협하고, 얼마나 생기 없고, 얼마나 작위적이고, 얼마나 밋밋할는지요.

Day 2

공명이 악기의 음색을 만듭니다. 공명 없이는 악기에 개성도 없습니다. 다양한 공명이 모여 바이올린의 공명 이력을 만들고, 이를 통해 음색이 결정됩니다. 사람의 경우, 정신적 공명이 개성을 만듭니다. 우리의 영적 공명은 우리가 내는 '음색'을 결정합니다. 당신은 어떤 공명을 지니고 있습니까?

Day 3

자기를 존중하는 일을 게을리하지 마십시오. 모든 악기가 자기만의 공명을 지니듯이 당신에게도 당신만의 공명이 있습니다. 우리는 자기를 존중해야 합니다. 당신은 더 성숙한 사람이 될 수는 있지만, '다른 사람'이 될 수는 없습니다.

Day 4

내면의 성장을 나무에 견준다면, 처음에 우리는 씨앗이었습니다. 씨앗 속에 생명이 있지요. 씨앗에서 싹이 납니다. 그런데 나무의 씨앗은 싹이 터서 겨우 며칠간 자랄 만큼의 양분만 가지고 있습니다. 제 아무리 커다란 씨앗이라 해도 최대 몇 주만 먹여 살릴 수 있습니다. 그러므로 싹이 계속 성장하려면 바깥의 물을 받아들여야 합니다. 성장하지 않으면 싹은 죽습니다. 성장 없이는 생명이 없고, 물 없이는 성장이 없습니다. 내면이 자라느라 우리는 목마름을 느낍니다. 당신 영혼을 자라게 하는 생명수는 무엇인가요?

Day 5

하느님을 아는 것이 곧 생명수입니다. 싹이 자라는 동안 우리 안에서는 하느님을 향한 목마름이 자랍니다. 신을 향한 목마름은 만족을 모르는 갈망입니다. 아직 싹을 틔우지 않은 씨앗이 물을 빨아들이지 않듯, 아직 자기 안에 갇혀 있는 사람은 목마름을 모릅니다. 그러나 성장하기 시작한 싹은 신을 갈구하기 시작합니다.

Day 6

자기애와 두려움이 우리로 하여금 싹을 내지 않고 마음을 꽁꽁 닫게 합니다. 자랑과 두려움은 우리를 가둡니다. 싹을 내지 않은 씨앗처럼 자신 속에 갇힌 상태를 성서는 이렇게 표현합니다. "뿌리가 없으므로 해가 뜨자마자 말라버렸다(마태복음 13:6)."

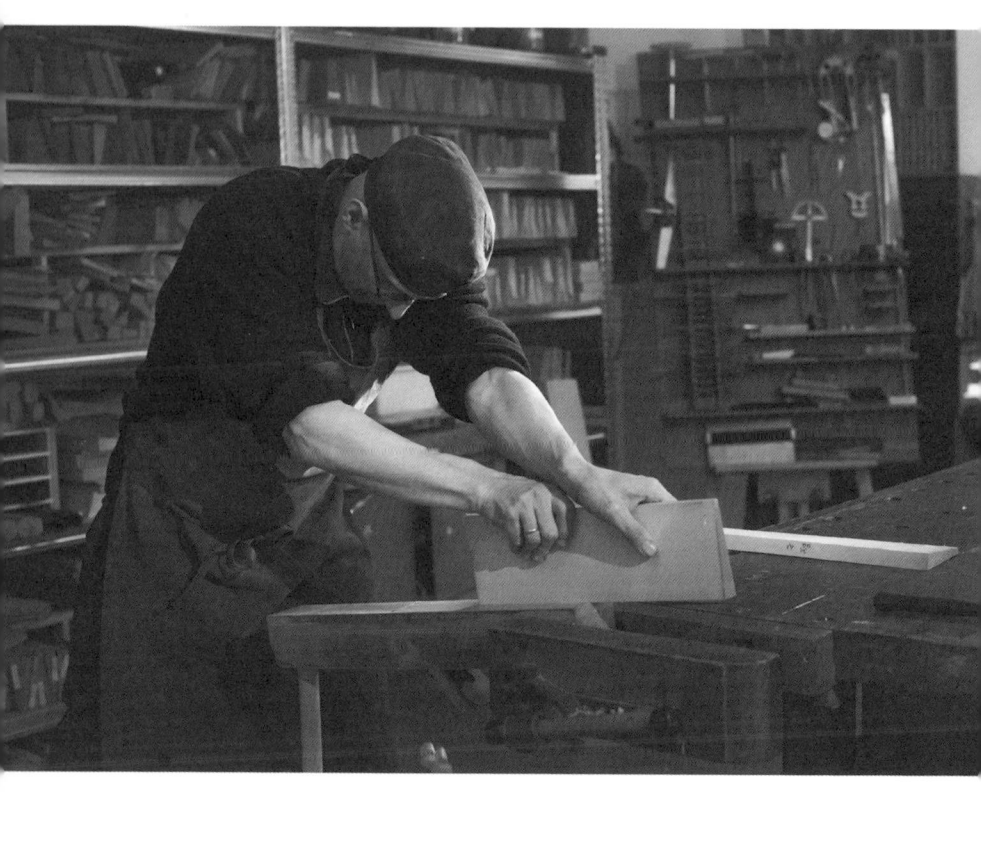

은혜와 일

Week 11

은혜와 일의 상호작용은 커다란 영적 공명과 같습니다. 은혜는 우리에게 약속된 것이며, 일은 요구되는 것입니다. 우리 삶은 은혜와 일의 긴장 가운데서만 아름다운 울림을 낼 수 있습니다. 은혜를 추앙하면서 일은 혐오하는 사람이 있습니다. 그들의 삶에는 '경건의 모양(디모데 후서 3:5)'만 있을 따름입니다. 반대로 안달복달, 전전긍긍 쫓기면서 온갖 일을 직시하지만, 은혜를 잊어버리고 살아가는 사람들이 있습니다. 그들은 행동의 함정에 빠지기 쉽습니다.

우리에게 약속된 것과 요구되는 것 사이의 건강한 긴장만이 울림 있는 삶을 가능케 합니다. 은혜와 일의 상호작용 가운데서만 믿음과 사랑이 성장합니다. 즉 우리가 약속된 것을 깨닫는 동시에 자기를 극복하고 주어진 일을 할 때, 우리는 매력 있는 사람이 됩니다. 우리 삶에서 의미 있는 모든 일은 은혜와 일의 조화로운 대립 속에서 진동합니다. 은혜는 결코 일을 대신 해줄 수 없습니다. 우리는 은혜를 믿으면서 열심히 공부해야 하고, 은혜를 믿으면서 성실히 일해야 합니다. 일은 삶의 내용이며, 은혜는 삶의 힘입니다. 은혜와 일이 균형을 이룰 때 삶이 아름다워집니다.

Day 1

이런 긴장을 인정하지 않는다면 삶은 나날이 고루해질 것입니다. 일에 쫓기기만 하는 삶은 얼마나 고달플까요. 반대로 은혜에만 매달리는 삶 역시 얼마나 권태로울까요.

Day 2

우리는 삶에서 꼭 필요한 긴장을 환영해야 합니다. 빛은 파동의 성질과 입자의 성질을 모두 지닙니다. 신의 은혜와 인간이 감당해야 하는 일도 이와 같습니다. 은혜와 일이 함께할 때 삶이 빛납니다.

Day 3

같은 일을 두고 다른 시각으로 볼 수도 있습니다. 때에 따라, 어떤 때는 이쪽에 비중을 두어야 하고, 다른 어떤 때는 저쪽에 더 비중을 두어야 합니다. 은혜가 중요할 때가 있고 일이 중요할 때가 있습니다.

Day 4

은혜를 의식하지 못하면 마음이 지칩니다. 그러면 깜깜한 터널에 빠져들 듯, 그때까지 자신의 힘만 의지하던 오만함이 빠르게 체념과 절망으로 바뀝니다. 모든 것을 스스로 쟁취해야 한다고 믿는 사람은 얼굴에서 표시가 납니다.

Day 5

성숙한 삶에서는 은혜와 일이 언제나 공명을 이룹니다. 한 가지가 다른 한 가지를 빛나게 하지요. 은혜와 일 사이의 긴장, 삶의 힘과 삶의 내용 사이의 긴장은 하느님에게서 비롯됩니다. 하느님은 주는 자인 동시에 요구하는 자이기 때문입니다.

Day 6

사람들은 '신이 함께하는 것'이 세속적인 성공으로 드러난다고 오해합니다. 신이 함께한다면 반드시 성공해야 하고, 어려움이 해결되어야 한다고 여깁니다. 그러나 수많은 신앙 선조의 삶은 세속적인 성공과 전혀 가깝지 않았습니다. 하느님은 오히려 우리를 희생과 고난의 길로 이끌어갈 가능성이 높습니다. 그 길은 희생과 고난을 기꺼이 선택하는 길입니다. 어려움이 없는 삶만을 복으로 여긴다면 우리는 믿음의 난민이 될 것입니다.

용인과 형상화

Week 12

얼마 전, 아내와 나는 두 아들을 데리고 파리의 퐁피두센터에 갔습니다. 우리는 둘씩 나뉘어 작품을 감상했지요. 나는 열 살짜리 작은아들과 함께 다녔는데, 우리가 좋아하는 현대 조각이 전시된 방에 오래 머물렀습니다. 로렌츠는 그 방에서 스케치북을 펴고 스케치를 시작했습니다. 그런데 얼마 가지 않아 로렌츠는 그리던 그림을 북북 찢어버렸습니다. 선이 삐뚤빼뚤하고 전혀 평행하지 않았거든요. 아들은 스케치를 다시 시작했습니다. 나는 로렌츠가 또다시 그림을 찢어버릴까 봐, 이렇게 말해주었습니다. "로렌츠, 넌 지금 작도를 하는 게 아니란다. 컴퓨터로 그리면 아주 똑바른 선을 그을 수 있겠지. 하지만 그건 스케치가 아니라 작도야. 네 스케치에서 선이 얼마나 곧은지는 중요하지 않아. 그림을 그리는 동안 네 스케치가 어떤 모습이 되어 가는지 유심히 보렴. 네가 그은 선들이 어떤 작품으로 탄생할지 기대하면서 말이야." 로렌츠는 내 말을 어느 정도 알아들은 것 같았습니다. 스케치하는 손놀림이 한결 자유로워졌으니까요. 그는 행복해 보였습니다. 마침내 완성한 그림은 꽤 독특하고 매력적이었습니다. 새로운 시각을 가지면 삶을 훨씬 애정 어리게 바라볼 수 있습니다.

Day 1

예술은 일일이 통제하고 형상화하기보다 어느 정도는 그냥 되는 대로 내버려두는 작업이라고 생각합니다. 도중에 생기는 자연스러움을 허락하지 않으면 결과물은 딱딱한 작도에 그칠 것입니다. 반대로 마냥 내버려두기만 하면 제멋대로 되어버리겠지요.

Day 2

신이라고 해서 인간을 일일이 통제하고 형상화하는 것이 아닙니다. 신은 인간에게 그냥 맡겨둡니다. 인간 역시 모든 것을 자기 마음대로 하지 않고 일정 부분은 은혜에 맡깁니다. 너와 나, 즉 하느님과 인간은 상대에 대한 신뢰 안에서 한 걸음씩 양보합니다. 이는 상호작용하는 용인과 형상화입니다. 바로 이것이 '너희가 내 안에, 내가 너희 안에' 있는 구도입니다.

Day 3

용인하는 일과 의도적으로 형상화하는 일이 끊임없이 상호작용하는 가운데 매력적인 예술 작품이 탄생합니다. 억지로 의도하지도 않고, 임의로 내버려두지도 않습니다. 이 두 가지 미덕이 균형을 이룰 때, 삶은 아름답게 울립니다.

Day 4

용인하는 일이 빗나가면 계획 없는 행동이 되고, 형상화하는 일이 빗나가면 강요가 됩니다. 계획 없는 행동에는 진리가 없습니다. 모든 것이 중구난방입니다. 강요에는 사랑이 없습니다. 모든 것이 노예가 됩니다.

Day 5

아무것도 의도하지 않는 것은 경건한 깨달음의 표시가 아닙니다. 이는 목욕물을 버리면서 아이까지 함께 버리는 것과 마찬가지입니다. 이런 일에는 계획 없는 임의성만 있을 뿐입니다.

Day 6

왜 노력해? 거저 주시는데. 왜 고난을 겪어? 기적이 있는데. 왜 수고해? 하느님이 다 해주시는데. 이것은 승리에 찬 거짓말들입니다. "나는 포도나무이고 너희는 가지다. 나를 떠나서는 너희가 아무것도 할 수 없다(요한복음 15장)." 이 말씀은 우리가 은혜에 힘입어 적극적으로 노력해야 함을 뜻합니다.

때로는 방해받으며

Week 13

지혜로운 사람은 삶을 시시콜콜 통제하기보다 즉흥성이 끼어들 여지를 남깁니다. 계획이 빗나가거나 방해받을 수도 있지만, 그들은 계획한 일 가운데 자연스럽게 끼어드는 다른 일들을 기꺼이 받아들이지요. 더 커다란 지혜가 작용하도록 허락하고, 나중에 되돌아보며 '참 좋았다'고 이야기합니다. 더러는 더 힘들어지고 놀라게 되더라도 말입니다.

놀라거나 방해받을 용기 또는 좌절할 용기가 없을 때, 우리는 좁은 가능성의 범주 안에서만 바둥거립니다. 그럴 때 커다란 지혜는 이렇게 말할 것입니다. "너의 가장 큰 실수는 네가 아무것도 그르치지 않았다는 사실이다. 이는 네가 시도한 일이 너무 적었다는 뜻이니라." 용기 없는 자는 은혜의 길을 갈 수 없습니다. 스위스의 작가이자 건축가인 프리슈Frisch, Max Rudolf는 이렇게 말합니다. "전통이란 선조가 당대의 문제에 맞섰던 바로 그 용기를 가지고 지금 이 시대가 요구하는 과제로 나아가는 것이다. 다른 모든 것은 모방이요, 박제다."

Day 1

제도판에서 작도하듯이 삶을 살아가려는 사람들이 있습니다. 그 무엇도 자신의 계획과 생각을 방해해서는 안 되지요. 그들은 즉흥성을 견딜 힘이 없습니다.

Day 2

'용인과 형상화' 사이의 상호작용과 비슷하게 '들음과 행함' 사이에도 긴장이 있습니다. 들음이 행위로 나아가지 못하면 지성주의의 함정에 빠집니다. 반대로 듣는 것 없이 무작정 행동하면 실용주의의 함정에 빠집니다.

Day 3

〈마가복음〉에는 예수가 방해받은 아름다운 이야기가 나옵니다. 예수기 설교하고 있는데, 네 친구가 지붕을 뜯어내고 중풍이 든 친구를 달아 내립니다. 사람이 너무 많아 문을 통해서는 안으로 들어갈 수 없었기 때문입니다. 이 일로 지붕은 파손되었고 예수는 설교를 방해받았습니다. 그러나 한 사람의 영적, 신체적 장애는 해결되었습니다. 예수는 방해와 무질서를 기꺼이 허락했습니다. 방해를 허락하는 것은 기도하고 듣는 가슴을 지니는 일입니다.

Day 4

좋다고 여기는 것, 칭찬할 만하다고 여기는 것을 자꾸 입 밖으로 말하십시오. 그것에 익숙해지면 내적인 힘을 경험할 것입니다. 바로 그 힘이 우리를 변하게 합니다. 말은 정보를 전달하지요. 동시에 창조적인 힘을 지니고 있습니다. 현대 뇌과학에 의하면 두뇌의 언어 중추가 다른 부분에도 강한 영향을 끼친다고 합니다. 그러니 말에 주의하십시오. 무엇보다 자기 자신에 관한 말에 주의하십시오. 우리는 우리의 말을 통해 말씀으로 세상을 창조한 창조주의 힘을 조금이나마 빌릴 수 있습니다.

Day 5

방해는 종종 거룩한 인도(引導)로 드러나기도 합니다. 방해받을 능력이 있어야 열린 마음을 지닐 수 있습니다.

Day 6

내가 아는 오케스트라 지휘자에게 '지휘자의 권위'에 관해 물었습니다. 다른 지휘자들은 어떤지 모르겠지만, 그는 연주하러 단상에 올라 잠시 가만히 서 있는다고 했습니다. 그 모습이 다른 사람들 눈에는 그저 마음을 가다듬는 것처럼 보이지만, 사실은 아닙니다. 그 순간에 그는 속으로 기도합니다. 오케스트라의 연주자들을 축복하는 것이지요. 그런 다음 지휘봉을 듭니다. 진정한 권위의 비밀은 축복하는 마음에 있는 것이 아닐까요?

Week 14

당신은 사랑받는 사람

우리는 평생 하느님의 사랑을 알아가고, 그 신비 속으로 깊이 자라도록 부름받았습니다. 우리는 자기 소명을 찾는 동시에 사랑받는 사람임을 깨달아야 합니다.

자기가 사랑받는다는 사실을 아는 사람은 구걸하듯 행동하지 않습니다. 솔직하고 자신 있게 자신을 표현합니다. 잘한 일이 있고 자랑거리가 있을 때만 당당한 것이 아니라, 자신의 곤궁과 필요까지 거리낌 없이 내보입니다. 사랑받고 있음을 스스로 아는 까닭입니다. 누구든 사랑받고 있다는 확신 가운데 서 있으면 스스로 부끄러워할 필요가 없습니다. 사랑받고 있음을 아는 사람은 아무것도 증명하지 않아도 됩니다. 그렇기에 오직 사랑받고 있음을 알 때만 우리는 본연의 모습으로 설 수 있습니다.

사랑을 믿지 않는 사람은 주변 세계에 늘 자기를 증명하려 합니다. 자기가 얼마나 괜찮은 사람인지 보여주려고 하지요. 하지만 그렇게 끝없이 자기를 증명하려다가 자신과 주변 사람까지 망치는 사람이 얼마나 많은지요. 사랑의 위로를 모르고 자기가 어떤 존재인지 모르는 사람은 늘 허기집니다. 그런 허기는 무엇으로도 채울 수 없습니다.

삶을 위로하고 의미를 부여해주는 '별'이 꺼지면 영혼의 '블랙홀'만 남습니다. 자기 증명, 욕심, 걱정, 의무, 두려움은 모든 것을 삼키고도 만족을 모르는 블랙홀과 같습니다. 겉으로는 그럴 듯해 보이지만, 속으로는 평화와 안식을 모르고 살아갑니다. 우리는 흔히 더 많이 일하고, 더 많이 노력하고, 불만족스러운 것을 더 많이 해결하면, 더 행복하고 평온한 삶이 오리라 믿습니다. 그러나 번번이 자기를 증명하고자 뼈아픈 노력을 기울이는 삶은 허기만 더합니다. 만족을 모르는 공허감이라는 탐욕스러운 지방 세포를 키울 뿐이지요.

 오직 사랑받는 사람만이 안식을 누립니다. 사랑받는 사람만이 자기 본연의 모습으로 살아갈 수 있습니다. 당신은 사랑받는 사람입니까?

Day 1

성 어거스틴은 《고백록》에서 "당신 안에서 쉬기까지 우리 마음은 얼마나 불안한가?" 하고 말합니다. 떼제 공동체The Taize Community(종파를 초월한 기독교 공동체로 프랑스 남부 테제에서 설립) 설립자인 로제Roger, Louis Schütz-Marsauche 수사도 같은 맥락에서 이렇게 고백합니다. "당신에게서 멀어진 모든 것을 당신께 넘겨주기까지 내 마음은 불안하기 그지없습니다."

Day 2

성서는 우리의 존재를 규정합니다. "너희는 하느님의 사랑받는 자녀이며, 세상의 빛이며, 소금"이라고 합니다. 그러므로 도덕적 변화 이전에 정체성의 변화가 선행되어야 합니다.

Day 3

사랑받는 사람으로서의 정체성과 이루어야 할 소명이 상호작용하는 인생이 아름답습니다. 우리의 정체성은 소명의 강을 건너야 하고, 우리의 소명은 정체성 안에 정박해야 합니다.

Day 4

정체성과 소명 중 하나를 잃어버릴 때, 우리 인생은 침몰하거나 영원히 한곳에 머무를 위험에 처합니다. 자기 정체성을 알지 못하는 사람은 내적 무게가 없어 침몰해버립니다. 폭풍우로부터 배를 지켜주는 용골이 없는 셈이지요. 반대로 자기 소명, 즉 세상에서 해야 하는 일을 알지 못하는 사람은 돛을 달지 않은 배나 마찬가지입니다. 이런 사람은 결코 항해할 수 없습니다.

Day 5

해야 할 일만 중요하게 여기면 이런저런 요구의 폭풍우에 휘말려 삶이 전복될 위험이 있습니다. 그런 삶을 살면 자기 비하에 빠집니다. "내 일 하나 제대로 못 하는 나는 못난 인간이야" 하며 좌절하지요. 반대로 있는 그대로의 존재만 중요하게 여기면 자기 위안 속에서 영원한 무기력증에 걸릴 위험이 있습니다. 그런 삶을 살면 침체의 늪에 빠지지요. "나는 아무것도 할 필요 없어. 있는 그대로의 나로 충분하니까!" 하고 말입니다. 자기 비하와 자기 위안, 둘 다 옳지 않습니다.

Day 6

존재와 당위가 건강하게 상호작용할 때, 울림 있는 삶을 살 수 있습니다. 격려와 요구는 우리 인생에 필요한 두 가지 힘입니다. 우리는 자기 비하와 자기 위안에 똑같이 저항해야 합니다.

진리와 자비

Week 15

"주의 자비가 내 눈앞에 있으니, 나는 당신의 진리 안에서 행하겠습니다(시편 26:3)." 자비와 진리 사이의 공명을 잘 보여주는 구절입니다. 이 구절에서 나는 '신의 자비를 염두에 두지 않고는 진리를 외치지 말라'는 뜻을 읽습니다. 자비 없는 진리는 딱딱하고 날카로워 삶을 해치는 무기가 될 수 있으니까요. 자비가 부족할 때 진리는 악몽이 됩니다. 그럴 때 진리는 은혜로운 신에 반하는 거짓말이 되어버립니다. 여러모로 가련한 우리의 세계가 진리를 얻음으로써 행복하게 되는 일은 별로 없는 듯합니다. 진리라는 명분으로 싸우는 광신도는 자신이 더 높은 가치를 위해 투쟁한다고 생각합니다. 그러나 이는 사실이 아닙니다. 자비를 잃으면 진리도 잃게 되니까요. 광신도의 눈에는 자비가 보이지 않습니다. 단지 투쟁해야 할 불의가 보입니다. 광신도가 자비를 잃는 순간, 그는 진리를 신으로 받듭니다. 진리가 하느님 자리에 오르는 것입니다. 하느님은 진리입니다. 그러나 진리는 하느님이 아닙니다. 광신도는 진리를 소유했다고 믿지만, 하느님은 소유할 수 있는 것이 아님을 잊고 맙니다.

Day 1

진리와 자비는 서로 떨어져서는 안 될 중요한 한 쌍입니다. 우리 삶에 진리 없이 자비만 있으면 우리는 기준 없이 행동하게 되고, 자비 없이 진리만 있으면 사랑을 잊습니다. 진리와 자비, 이 둘은 서로의 가치를 지켜줍니다.

Day 2

성 어거스틴은 "죄를 미워하라. 그러나 죄인은 사랑하라"고 말했습니다. 이러한 태도는 진리와 자비를 존중하는 마음에서 출발합니다. 자비로운 자는 죄인을 미워하지 않습니다.

Day 3

진리를 알지 못하는 사람은 무른 나무와 같습니다. 부른 나무로 만든 바이올린처럼 둔탁한 음을 내지요. 우리에게는 도덕적인 회복력이 필요합니다. 이는 자비로부터 나오지 않고, 오직 진리로부터 얻을 수 있습니다.

Day 4

진리 없는 자비는 선하지 않습니다. 자비 없는 진리는 참되지 않습니다.

Day 5

무자비한 태도로 서로 판단하는 가운데 우리의 관계는 편협하고 거칠어집니다. 다른 사람을 판단하는 사람은 예수의 본질을 파악하지 못한 사람이며, 내면에 예수의 영을 지니지 못한 사람입니다. 우리가 타인의 장점을 발견하지 못한다면, 그것은 비판 정신으로 우리의 눈이 가려졌기 때문입니다. 긍휼의 눈을 잃었기 때문입니다.

Day 6

음의 따뜻함에 화려함이 더해져야 울림이 둔탁하지 않습니다. 반대로 화려함에 따뜻함이 가미되어야만 울림이 날카롭지 않습니다. 둔탁함과 날카로움은 천박한 데가 있습니다. 마찬가지로 자비 없는 진리도 삶을 천박하게 합니다. 진리 없는 자비도 그렇습니다. 둔탁함(진리 없음)과 날카로움(자비 없음)은 나쁜 울림입니다.

노예가 아니라 봉사자로

Week 16

나에게는 음악가 친구들이 많습니다. 그래서 나는 음악가에게 완벽주의가 얼마나 커다란 유혹이며 부담인지 잘 압니다. 아마도 음이 한번 악기를 떠나면 더는 주워 담거나 무마할 수 없기 때문이겠지요.

소프라노 친구가 말했습니다. "난 무대에 서면 일단 완벽해야 한다고 생각했어. 그런 생각이 엄청난 압박으로 작용했지. 하지만 이제 현재의 미완성 상태를 받아들일 수 있어. 당장 완벽하지 않아도 완성을 향해 성장해 가야 한다는 걸 알았거든." 옆에 있던 오보에 주자가 덧붙였습니다. "불만족도 중요해. 그런 마음이 나를 계속 발전하게 했으니까. 하지만 그게 지나쳐 완벽주의를 고집하게 되면 오히려 발전에 제동을 걸어. 완벽해야 한다고 생각하면 두려움이 몰려오니까." 순회 연주를 하던 피아니스트도 이렇게 말했습니다. "난 바흐를 나처럼 연주하면 안 된다는 걸 알았어. 내 연주에는 늘 열등감이 서려 있었지. 하지만 그건 건설적인 불만족이 아니야."

완벽을 향한 노력은 분명 좋은 것입니다. 그러나 그것이 완벽주의로 변하면 사람을 힘들게 합니다. 완벽주의자는 미완의 상태를 받아들이지 못합니다. 하지만 발전과 성장은 언제나 이런 중간 과정을 통과하게 되어 있습니다. 이런 잠정적인 상태 없이는 그 누구도 발전해 나갈 수 없습니다. 완벽주의자는 그가 손대는 일마다 생명을 앗아갑니다. 뭔가가 성숙하도록 기다려주지 않기 때문입니다. 그는 시간을 허락하지 않습니다. 늘 심기가 불편합니다.

Day 1

혹시 당신은 재능의 노예로 살고 있지 않은가요? 재능의 노예에서 벗어나야만 완벽주의의 부담감에서도 벗어날 수 있습니다. 재능의 노예가 되면 자신을 성과로만 판단합니다. "잘 해야 해. 나는 내 능력의 대가로 먹고사는 거라고." 노예는 자기 재능 뒤에 늘 성공과 갈채가 따르기를 기대합니다. 성공과 갈채라는 마취제가 떨어지면, 자기를 무가치하게 여기며 내적 생기를 잃고 영적 침체에 빠집니다. 그러나 봉사자로 사는 사람은 다른 원천에서 힘을 얻습니다. 그가 무엇을 하든, 그것은 소명을 받았기 때문입니다. 그는 재능을 받았지만, 그 재능은 자기를 높이고 스스로 비중 있는 사람이 되라고 주어진 것이 아닙니다. 그가 받은 사랑에 응답하라고 주어진 것이지요.

Day 2

봉사자는 감사할 줄 알며 자신의 유한성과 소명을 압니다. 하지만 재능의 노예로 사는 사람은 재능을 통해 자꾸만 자기를 확인하려 합니다. 이는 자기 자신 외에 다른 목표를 알지 못하는 노예의 삶입니다. 자기 자신이 목표가 되면 스스로의 것으로 채우고자 할 뿐, 손을 펴서 하늘이 내리는 것을 받지 못합니다. 소명을 모르는 삶에서 재능은 오히려 존재를 갉아먹습니다. 노예가 아니라 봉사자가 되십시오. 그렇지 않으면 재능이 당신을 착취할 것입니다.

Day 3

재능에 집착하느라 소명을 잊어서는 안 됩니다. 우리는 재능의 노예가 아니라, 봉사자로 부름받았으니까요. 봉사자로 살 때만 재능의 노예가 되지 않습니다. 소명을 받은 봉사자는 위로부터 받은 권위를 가집니다. 재능에 집착하는 사람에게는 자기 자신만 있을 뿐입니다.

Day 4

노예는 대가를 계산합니다. 그러나 봉사자는 자기 자신을 선물합니다. 그는 자비롭고 자유롭습니다. 이익과 보상을 바라고 자신을 내주는 것이 아니기 때문입니다.

Day 5

충만한 삶을 추구하는 사람은 자신을 통해 무엇이 실현되어야 하는지를 묻습니다. 행복은 하느님의 지혜가 우리를 나무 삼아 좋은 것을 만들어내는 일입니다. 우리가 하늘과 닮은 모습으로 빚어지는 것, 그것이 행복의 본질입니다.

Day 6

완벽하고자 하는 사람은 차갑습니다. 완벽한 모양을 갖춘 바이올린이 꼭 좋은 울림을 내지는 않습니다. 사람도 마찬가지입니다. 실수하지 않고, 비난할 것 없는 사람만이 울림을 갖는 것이 아닙니다. 울림은 자기 삶에 중요한 것이 무엇인지 분명히 할 때 생깁니다.

Week 17

삶에 입맞춤하며

발레리나 친구가 최근 친구들이 모인 자리에서 자기 인생을 요약하는 한 문장이 있다며 이렇게 말했습니다. "아직 부족해!" 그녀는 발레, 성격, 재능, 재정, 삶의 방식, 모든 것 위에 아직 부족하다는 말이 드리워져 있으며, 지금도 계속 그 문장이 가슴속에서 메아리친다고 했습니다. 당신의 가슴에서는 어떤 문장이 메아리칩니까? 우리 안에서는 다양한 말들이 메아리칩니다. 어떤 말은 우리를 다그치고, 어떤 말은 우리에게 독이 되며, 어떤 말은 우리를 치유합니다. 나에게는 이런 말이 치유력을 발휘합니다. "하느님과 세계와 너 자신 앞에 너를 증명하려고 너무 발버둥 치지 마. 그렇게 애써 자신을 증명하려는 욕심은 널 파멸로 이끌 뿐이야."

부드러운 땅에서 자연스럽게 싹이 트고 열매가 맺히듯, 무엇이든 억지로 가지려 해서는 안 됩니다. 연한 땅에서 줄기가 나오고, 그다음 이삭이, 그런 다음 이삭에 곡식이 풍성하게 열립니다. 집착과 의도로 점철된 삶에는 울림이 없습니다. 그런 세계에서 사람은 오로지 혼자일 따름입니다. 고개를 들어 자연스럽게 성장하는 자신을 보십시오. 지금 당신은 잠정적인 상태에 있습니다. 바로 소명을 향해 성장하고 있습니다.

Day 1

바이올린을 만드는 사람은 바이올린 제작 대회에 참가할 수 있습니다. 이 대회는 크게 두 가지 기준으로 점수를 매깁니다. 수공 기술 점수와 음질 점수입니다. 바이올린 장인들이 수공 기술을 심사하고, 음악가들이 음질을 심사합니다. 음악가들은 당연히 완벽한 형태보다는 음에 관심을 둡니다. 형태는 완벽하지만 소심하고 풀 죽은 음이 나는 바이올린도 있습니다. 흠잡을 데 없는 형태로 만들려다 보니 그런 음이 나는 것이지요. 형태를 완벽하게 하는 데만 치중하면 안 됩니다. 신은 우리의 '마음'을 봅니다.

Day 2

좋은 바이올린에는 개성이 중요합니다. 바이올린이 가진 카리스마가 중요합니다. 바이올린이 완벽한 형태를 통해 우아한 울림에 이르는 것이 아니듯, 인산도 완벽할 때 우아한 울림을 내는 것이 아닙니다. 자기 삶에 주어진 개성을 살릴 때 좋은 울림이 납니다. 두려움은 우리에게서 그런 삶을 살게 할 용기를 앗아갑니다. 개성을 앗아갑니다.

Day 3

이상을 실현하는 것으로 자기 가치를 판단하는 사람은 현실에서 좌절할 수밖에 없습니다. 강박적인 사람은 오로지 자신에게 신경쓰느라, 자기가 섬겨야 할 세계를 보지 못합니다. 자신을 중요하게 여길수록 우리는 민감해지고, 민감할수록 더 상처받습니다. 자신을 염두에 두지 마십시오. 그 대신 세계를 마음에 품으십시오. 자기를 지나치게 중요하게 생각하지 말고, 신의 손에 의탁하십시오.

Day 4

우리가 모든 면에서 빛나는 완벽한 사람이라면 과연 다른 사람들의 마음을 헤아릴 수 있을까요? 우리의 부족함은 개선해야 할 과제인 동시에 선물인지도 모릅니다. 우리의 부족함 때문에 다른 사람의 마음을 헤아리고 긍휼히 여기는 마음을 지닐 수 있으니까요. 그런 마음은 어떤 성공보다 소중합니다. 그런 마음이 바로 하느님의 마음이기 때문입니다.

Day 5

하느님은 자신을 찾아와 의탁하는 사람에게 결코 "넌 부족해"라고 말하지 않을 것입니다. 그러니 하느님이 당신에게 느끼는 그 기쁨에 입맞춤하십시오. 인간을 울리게 하는 분만이 인간이 가진 '결'을 알아봅니다. 신은 당신을 판단하지 않고 당신의 결을 존중합니다.

Day 6

소명을 무거운 짐으로 생각하지 마십시오. 오히려 소명과 더불어 춤춘다고 생각하십시오. 오늘도 날개를 펴고 소명과 더불어 날아보십시오. 하느님 안에 짓눌림은 없습니다.

장인의 지혜

Week 18

몇 년 전, 스트라디바리의 바이올린 세 대를 동시에 손보게 되었습니다. 거의 동시에 스트라디바리우스 세 대가 내 작업장으로 온 것은 커다란 행운이었습니다. 나는 그 특별한 기간에 스트라디바리우스들의 공통점을 연구할 수 있었습니다. 세 바이올린 모두 스트라디바리우스 제작의 황금기인 18세기 초에 탄생한 작품으로, 아주 부드럽고 깊은 음이 납니다. 평소에는 좀처럼 함께 나타나지 않는 두 가지 특성이 한데 모입니다. 부드러운 동시에 힘 있는 울림이 그것입니다. 그래서 마치 사람을 구름으로 감싸듯, 자유롭고 경쾌한 연주가 탄생합니다. 그런 바이올린을 만날 때면 나는 작업에 열중하기 어렵습니다. 바이올린들을 연주해보고, 그것들이 내 작업장에 머무는 시간을 만끽하지 않을 수 없으니까요.

나는 세 바이올린이 단연 같은 창조자의 작품임을 느꼈습니다. 강한 동시에 풍성한 음색! 포르테로 연주할 때도 귀가 따갑지 않으며, 피아노로 연주할 때 역시 공간을 채우고도 남습니다. 그들의 울림은 빛나는 힘과 넓은 공간감을 지녔습니다. 칠 역시 아름다워 나무의 세포 깊은 곳까지 들여다보이는 듯했습니다. 그들에게는 같은 '필체'가 있습니다. 하지만 그 어느 것도 서로 같지 않습니다. 나무가 다르기 때문입니다. 장인의 지혜는 판의 강도와 굴곡을 일정하게 유지하면서, 나무의 특성에 따라 각각의 바이올린에 개성을 부여했습니다. 스트라디바리는 자기 필체에 충실하면서도 저마다 다른 나무의 특성을 존중했음을 느낄 수 있었습니다.

Day 1

훌륭한 바이올린 제작자는 나무의 소리를 듣습니다. 각 나무의 개성을 살려주는 것이 바로 장인의 제작 비결입니다.

Day 2

나무에 자기 생각만 강요하는 사람은 어쭙잖은 제작자입니다. 나무의 결이 지닌 요구를 알아채는 것이 훌륭한 기술입니다.

Day 3

대패질할 때 나는 껄끄러운 소리로 나무의 결을 느끼는 일은 나무와 대화하는 것이나 마찬가지입니다. 이런 과정을 통해 제작자는 바이올린의 곡면을 어떻게 만들지 결정합니다. 즉 바이올린의 곡면 형태는 작업 전에 정하는 것이 아니라, 제작 과정에서 창조되는 것입니다. 작도기 이니라 창조입니다.

Day 4

완벽한 형태를 맹신하는 사람은 정해진 법칙만 따릅니다. 그러나 좋은 제작자는 압니다. 나무의 결을 무시한 채로 좋은 울림을 실현할 수 없음을! 음향학 법칙에 주의하면서 나뭇결에서 자연스러운 형태를 이끌어내는 것, 그것이 바로 울림의 기술입니다.

Day 5

바이올린 판을 만들어가는 동안, 나는 계속해서 바이올린을 손에 들고 톡톡 두드려 고유의 음을 듣습니다. 두드릴 때 들리는 소리는 내가 공명판 작업에서 어느 정도 더 나아가야 하는지 알려주지요. 나는 이미 만들어진 상태를 존중합니다. 그리고 그 상태가 무엇을 이끌어낼지 지켜보고, 앞으로 어떻게 전개될지 묻습니다.

Day 6

우리는 하느님의 손에 들린 나무입니다. 하느님의 지혜는 우리의 소리에 귀 기울입니다. 우리는 하느님과 대화할 당연한 권리를 가지고 있습니다.

나무를 존중하며

Week 19

나무가 장기간 강한 바람에 시달리거나, 기슭에서 자랐거나, 눈 더미 등에 눌려 한쪽에 무거운 하중을 받으면 나무 줄기 속에 '이상재reaction wood'가 형성됩니다. 뭔가 문제 있는, 특이한 생장이 이루어진 것입니다. 우리 삶도 마찬가지입니다. 언제나 좋은 영향만 받고 살지는 않았지요. 많은 일이 어긋났고, 오랫동안 부담에 눌려 있었거나, 폭풍우 같은 사건에 휘말리기도 했습니다. 그리하여 특이한 결을 갖게 되었고, 영혼이 편협해지고 상처 났습니다. 나무처럼 우리도 고유의 음을 가지게 되었습니다.

바이올린 제작자는 각 나무에 형성된 결을 존중하며 그 나무를 작품으로 만들고자 애씁니다. 하물며 하느님은 어떨까요? 하느님의 지혜는 우리의 특성과 세월을 살핍니다. 우리가 지닌 결의 방향과 지난날의 어려운 역사를 헤아려 좋은 울림을 내려면 무엇이 필요한지 찾아냅니다. 법칙과 형판과 치수표만으로는 좋은 울림을 이끌어낼 수 없습니다. 지혜와 사랑이 함께해야 합니다.

나무는 악기의 울림을 방해하지 않습니다. 나뭇결을 존중하면 바로 그 나뭇결이 비로소 개성 있는 울림을 만들어줍니다. 제작 과정에서 한결같이 나뭇결을 존중할 때, 비로소 나는 좋은 제작자가 될 것입니다. 실수투성이에, 특이한 생장, 이상한 결에도 불구하고 신은 우리가 좋은 울림을 내도록 만들 것입니다.

Day 1

바이올린을 만드는 일은 창조 행위입니다. 나무가 제작자에게 맞추어주는 것이 아니라, 장인이 나무에 맞추어야 하기 때문입니다. 이는 엄격한 '계획'으로 이루어지는 일이 아닙니다. 제작자가 나무를 존중하는 지혜로운 '마음'으로부터 이루어집니다. 거룩한 상호작용에는 결과가 열려 있습니다. 열려 있지 않다면, 이 세계는 '창조'된 것이 아니라 '조립'된 것이겠지요.

Day 2

창조 과정에서는 '약속된 가능성'이 펼쳐집니다. 창조적인 사람은 이웃에게서 좋은 점을 찾아낼 줄 압니다. 하느님도 그렇습니다. 신은 우리의 가능성을 찾아 살려줍니다.

Day 3

세상이 설계자의 작품이라면, 그 설계자는 불만으로 가득할 것입니다. 자신의 계획과 현실이 맞지 않는다고 탄식할 테지요. 그러나 예술 작품에는 다른 지혜가 적용됩니다.

Day 4

예술가는 창조 행위가 두 가지 지혜로 이루어짐을 압니다. 작품을 형상화하는 동시에 내버려두어야 합니다. 저절로 발전하게 하고 펼쳐지게 하는 것이 지혜입니다.

Day 5

세계를 창조가 이루어지는 장소로 관찰하면, 새로운 세계를 볼 수 있습니다. 자신의 삶을 창조 행위로 바라보면 삶에 새로운 애정이 생깁니다. 이런 생각은 자기 이해에 영향을 미칠 뿐 아니라, 사람들 사이의 만남에도 영향을 줍니다. 이 세상에 같은 사람은 아무도 없습니다. 세상 모든 것은 살아 있으며, 창작 과정 가운데 있는 작품입니다.

Day 6

사람들을 저마다 유일하고 독특한 예술 작품으로 바라본다면, 세상을 보고 듣는 우리의 자세가 달라질 것입니다. 완고하고 경직된 생각은 솔직한 관심에 자리를 비켜줄 것이며, 다른 사람들이 내는 고유한 음을 듣게 될 것입니다.

창조와 작도

Week 20

창조와 진화는 예술가의 시각으로 보면 별반 다르지 않습니다. 작품은 발전하는 것입니다. 잠재된 가능성들이 펼쳐지는 것이지요. 존재는 아름다움과 고통 가운데서 발전해 나갑니다. 그러나 세계를 창조의 시각으로 볼 것이냐, 작도의 시각으로 볼 것이냐 하는 데는 엄청난 차이가 있습니다.

세계가 진화했다는 생각이 우리의 신앙과 배치되는 것이 아니라, 세계가 신적인 설계의 결과물이라는 생각이 우리의 신앙을 옥죕니다.

전능한 설계자는 물질을 자신의 엄격한 계획에 복종시킵니다. 세계가 신적 설계에 따라 유지되는 것이라면 우리의 믿음은 전능한 자에 대한 굴복일 뿐입니다. 그러나 세계가 창조를 바탕으로 진화해 나가는 것이라면, 우리는 이미 주어진 것과 협력하며 앞으로 나아갈 수 있습니다. '작도'와 '창조'의 차이는 차가운 종교적 '법칙'과 하느님의 빛으로 충만한 '신앙'의 차이와 같습니다.

믿음이란 이런 발전 과정에서 자신을 지혜에 의탁하는 것입니다. 창조란 약속된 가능성이 펼쳐지는 것을 뜻합니다. 이를 허락하는 것이 바로 '믿음'입니다. 나무는 새롭게 창조되어 자기가 지닌 울림을 펼칩니다. 모든 뜻은 과정에서 드러납니다.

Day 1

우리가 하느님의 지혜에 의탁할 때, 하느님은 우리에게서 자신과 배치되는 부분을 변화시킵니다. 그것이 바로 하느님의 지혜가 원하는 바입니다. 하느님의 영은 자신에게 낯선 것들을 변화시킵니다. 만지는 대상마다 변화되는 것이 성령의 속성입니다.

Day 2

바이올린을 제작하는 데는 존중과 자비가 필요합니다. 음향 법칙을 존중하고 나무를 자비롭게 대해야 합니다. 우리 삶에도 이 두 가지가 어우러져야 합니다. 존중과 자비가 함께하지 않은 바이올린은 날카롭거나 둔탁한 소리 혹은 콧소리를 냅니다. 그런 천박한 울림 자체가 벌입니다. 오늘, 당신 삶에서 율법에 대한 존중과 인간에 대한 자비가 어우러지고 있습니까?

Day 3

죄에 대한 벌은 죄 자체입니다. 죄는 우리 삶을 훼손하기 때문입니다. 이는 '영혼에 죄를 범하는 것(하박국서 2장)'과 같습니다. 오늘, 당신 삶을 손상시킨 죄는 없습니까?

Day 4

세계를 예술 작품으로 보는 것은 매력적인 생각입니다. 세계는 거대한 그림이자 조각이자 구성 작품이고, 우리는 그 어마어마한 작품 속의 세세한 장면이자 주인공입니다. 우리는 예술 작품이지 조립품이 아닙니다.

Day 5

신에게 가는 것은 우리의 결을 그대로 지니고 제작자인 신이 나무인 우리를 만져 멋진 곡면을 빚도록 허락하는 일입니다. "하느님, 당신께 나아갑니다. 저를 당신께 드리오니, 당신 마음에 합당한 모양으로 빚어주소서."

Day 6

세계를 창조의 공간으로 생각하면, 삶을 새롭게 바라볼 수 있고, 살아 있다는 사실에서 새로운 즐거움을 맛볼 수 있습니다. 그럴 때 우리는 주변 사람이나 사건을 좌지우지하려는 강박에서 벗어날 수 있으며, 나뭇결을 거슬러 자기 생각을 강요하는 거만에 빠지지 않을 것입니다.

Week 21

직선에는 하느님이 없습니다

오스트리아 화가 훈데르트바서는 언젠가 "직선에는 하느님이 없다"고 했습니다. 직선이란 무엇일까요? 우회를 용납하지 않는 완고함, 다른 사람을 살필 줄 모르고 앞만 향해 달려가는 마음이 아닐까요? 그러나 세상의 아름다운 것들은 직선이 아닙니다. 우리의 몸, 우리 마음의 결, 우리 삶의 길, 성공적인 인간관계……. 이것들이 과연 직선일까요? 작도하듯 그어진 완벽한 직선에는 하느님이 없습니다. 하느님의 마음이 없습니다.

우리가 사는 시간, 우리가 지닌 가능성, 우리가 겪는 상황……. 이 모든 것은 천천히 나선형으로 자랍니다. 구부러진 결을 가지고 있습니다. 모든 일을 직선 긋듯이 똑바로, 쉽게, 직통으로, 똑떨어지게 하려는 마음은 하느님과 마찰을 빚습니다. 그런 마음을 지니면 하느님이야말로 곧은 선을 그을 능력이 없다며 분노할지도 모릅니다. 직선적인 믿음은 모든 일을 밀고, 끌고, 잡아당기고 주무르려 합니다. 우리는 가끔 하느님을 가르치려고 하지 않나요?

Day 1

신의 법은 원래 인간을 위한 것이었습니다. 그러나 형식주의(율법주의)에 빠지면 신이 주신 계명의 참뜻을 알지 못합니다. 형판을 대고 바이올린을 만들듯이 우리 삶에 형판을 가져다 대지는 않는지 돌아볼 일입니다.

Day 2

우리는 형식과 틀을 고집함으로써 우리에게 약속된 것을 가리고 맙니다. 자기 지식을 고집하는 사람은 삶의 계시에 열려 있지 않습니다. 자신의 결만 보고 스스로 좋거나 나쁘다고 판단합니다. 그런 사람들은 문제 있는 나무로도 훌륭한 울림을 지닌 형태를 빚어내는 하느님의 지혜를 경험하지 못합니다.

Day 3

좋은 바이올린이 되려면 나무가 제작자의 뜻에 무조건 따라야 한다고 생각하나요? 사실은 그 반대입니다. 신은 우리를 그렇게 다루지 않습니다. 신은 우리의 미완성 상태를 받아들이고, 그 상태로부터 자신의 지혜를 실현합니다. 미완성을 인정하고 그 가치를 아는 사람은 하느님의 마음을 지닌 사람입니다.

Day 4

지혜는 강박적인 사람에게 이렇게 묻습니다. "너는 너와 주변 사람들 속에 있는 구부러진 것과 이상하게 생긴 것들을 존중하느냐? 아니면 그건 안 된다고 말하느냐? 지혜가 너의 틀에 맞게 구부러지거나 펴져야 하느냐?"

Day 5

각자의 결을 존중하는 것과 엉망진창이 되도록 그냥 내버려두는 것은 다릅니다. 좋은 바이올린 제작자는 나뭇결을 존중하지만, 바이올린 곡면을 만드는 규칙 역시 존중합니다. 그렇게 하지 않으면 나무는 절대로 좋은 울림에 이를 수 없습니다. 개성을 존중하는 것도 좋지만, 그 자체를 법처럼 떠받들어서는 안 됩니다. 당신은 법 혹은 개성을 떠받들고 있지는 않습니까?

Day 6

바이올린 제작자가 나무를 다듬어 노래하게 하듯이, 신은 우리를 나무 삼아 작업합니다. 우리 마음에는 가난이 필요합니다. 가난한 마음이란, 우리가 가질 수 있는 많은 것 가운데 소명에 해가 되는 것을 버리는 일입니다. 마음이 부유한 사람은 영혼과 삶의 의미를 잃을 위험이 큽니다. 신의 손에 의탁할 때, 우리 안에서 창조적이고 선한 것은 보존되고 미성숙하고 혼탁한 것은 제거됩니다. 사랑 없는 마음, 소망을 잃은 마음, 평안과 쉼을 잃은 마음이 제거됩니다.

Week 22

울림 있는 삶으로

17세기에 제작된 멋진 아마티Amati 바이올린을 보았을 때가 생각납니다. 나는 그 바이올린을 여러 각도에서 관찰했습니다. 매력적이고 가치 있는 악기였습니다. 나는 그 바이올린에 매료되었지요. 하지만 완벽과는 거리가 먼 바이올린이었습니다. 형태가 대칭을 이루지 않았고, 바이올린의 덮개에는 어두운 마디가 뻗어 있었습니다. 그러나 모든 것이 그 바이올린의 개성을 이루었고, 그 자체로 아름다웠습니다. 나는 그 바이올린을 보며 이렇게 생각했습니다. "흠이 없지는 않군. 하지만 뭔가가 있어."

사람들 사이의 관계도 이렇게 되었으면 좋겠습니다. 우리는 종종 다른 사람들의 두드러진 '마디'가 못마땅해 충고하고 항의합니다. "완벽하지는 않아. 하지만 그에겐 뭔가가 있어"라고 말하면 좋을텐데, 그러지 않습니다. 열린 마음을 지니지 못한 탓입니다. 그래서 우리는 어려운 세월로 인해 형성된 상대방의 이상재를 비웃고 야유합니다. 일상적인 스트레스로 빚어진 나선형 성장을 보며 분개합니다. 그리고 그 사람이 변해야 한다고 말합니다. 그러나 하느님은 "네 마음에 들건 안 들건 간에 그 역시 울릴 것이다. 그의 방식으로 울릴 것이다(요한복음 21:22)"라고 말씀하시지 않을까요? 우리는 자주 다른 사람을 있는 그대로 받아들이기를 거부합니다. 그 사람을 있는 그대로 받아들여 주는 건 어떨까요? 어두운 마디를 지닌 나무가 아마티 가家의 노련한 솜씨를 더 빛나게 합니다. 바이올린 제작자로서 나는 내 손에 들어온 나무를 버리지 않습니다.

Day 1

하느님의 지혜가 실현되면 자신과 동떨어진 생소한 것이 생겨나는 것이 아니라, 깊은 곳에서부터 자신의 고유한 것이 형성되어 나옵니다. 좋은 바이올린은 나뭇결을 살린 개성 있는 소리를 냅니다. 바이올린 제작자로서 나는 나무에 관해 가차 없이 판단하기보다, 그저 그 나무를 가지고 일합니다.

Day 2

바이올린 제작자로서 나는 나무를 차갑게 판단하지 않습니다. 나는 나무의 상태를 살핍니다. 그 나무를 버리기 위해서가 아니라, 그것을 가지고 일하기 위해서입니다.

Day 3

신의 법은 그것을 행함으로써 사람이 사는 것입니다. 바이올린 제작도 마찬가지입니다. 내가 음향 법칙을 지킬 때, 그 대가는 바이올린의 울림으로 드러납니다. 혹시 지금 신의 법을 존중하면서 다른 대가를 바라고 있습니까? 좋은 울림, 그것이 당신에게 주어진 상입니다.

Day 4

창조주의 손에 변화되기를 거부하는 마음이 곧 죄입니다. 그것은 마치 바이올린 곡면이 제작자에게 "난 당신에게 친숙한 것이 되지 않을래요" 하고 말하는 것과 같습니다. 우리는 곧잘 우리 견해를 앞세웁니다. 그럴 때 우리는 성장을 멈춥니다. 한 치도 앞으로 나아갈 수 없습니다.

Day 5

성장이란 무엇입니까? 여러 가지 성장 중에서도 나는 겸손과 감사, 마음 챙김, 통찰, 집중, 지혜에서 성장하고 싶습니다. 더 의롭고 더 의식적이며 더 고요한 삶으로 인도받고 싶습니다. 헌신하고 귀 기울여 듣는 면에서 성장하고 싶습니다. 탐욕과 두려움은 우리를 시끄러운 성장으로 이끕니다. 탐욕에서 비롯한 성장은 유익하지 않습니다. 그런 성장은 차츰 우리를 지배하고 옭아맵니다. 지금 우리는 어떤 성장 가운데 있는지 늘 주의를 기울여야 합니다. 불의한 성장은 용감하게 배제해야 합니다. 성장을 팽창과 동일시해서는 안 됩니다.

Day 6

내가 악기 제작자로서 첼로에 비판적인 눈길을 보낼 때, 이는 첼로를 거부하기 위함이 아닙니다. 그것의 음이 어긋나서 새로 맞추어야 하기 때문입니다. 믿음이란 하느님 앞으로 나아가는 것입니다. 우리에게 복을 주는 존재로서만이 아니라 잘못을 비추어주는 존재로서의 신 앞에 나아가는 것입니다. 하느님 앞에 나를 비추어보는 것입니다. 우리는 기도하는 가운데 우리 마음에 가까이 다가갈 수 있습니다. 우리에게 마음이라는 공명판이 주어진 것은 은혜입니다. 우리는 마음으로 비추어볼 수 있습니다.

부단한 연습

Week 23

몇 년 전, 내가 막 제작한 첼로를 보여주려고 뮌헨 음악 학교의 저명한 교수를 찾아간 적이 있습니다. 학교에 도착했을 때 그 교수는 막 수업을 시작한 참이었는데, 나에게 수업을 참관해도 좋다고 했습니다. 그 덕분에 나는 그가 한 여학생에게 아름다운 첼로 곡을 지도하는 모습을 지켜볼 수 있었습니다. 연습곡은 드보르자크Dvořák, Antonín의 〈첼로 협주곡 b단조 작품 104〉였습니다.

그는 운지법과 활 쓰는 법을 지도한 뒤, 악절 하나하나를 다루며 알맞은 표현에 관해 조언했습니다. 또 중간중간 학생의 연주를 중단시키고 다시 해보라고 했습니다. 각 부분을 해석해주고, 그 부분을 직접 연주해보이며, 다시 한번 해보라고 학생을 고무했습니다. 수업을 지켜보다가 맞은편 벽에 붙어 있는 격언에 눈길이 갔습니다. "연습이란 저절로 되는지를 무턱대고 여러 번 시험해보는 것과는 거리가 멀다."

Day 1

중요한 일들은 연습을 통해서만 습득할 수 있습니다. 은혜는 연습과 노력을 대신 해줄 수 없습니다. 오히려 은혜는 연습과 노력이 빛을 보도록 해줍니다. 은혜가 거저 주어지는 것이라고 해서, 은혜를 우연과 혼동해서는 안 됩니다.

Day 2

첼로 곡 하나를 해석하는 데도 매일의 연습과 세심한 배움이 필요할진대, 울리는 삶을 사는 데는 얼마나 많은 연습과 배움이 필요하겠습니까?

Day 3

음악이 작곡가의 생각을 들려주듯, 우리 행동은 우리 삶의 의미를 들려줍니다. 그러나 그렇게 되려면 내일 연습과 배움에 헌신해야 합니다. 좋은 음악을 만들어내고자 매일 훈련하는 학생의 헌신처럼 우리도 좋은 울림을 내기 위해 매일 훈련해야 합니다. 울림과 해석이 '저절로' 이루어지는 우연은 염두에 두지 말아야 합니다.

Day 4

지식만 얻고 깨달은 것을 연습하지 않는다면 반쪽짜리 삶을 사는 것입니다. 지식으로 그치는 철학이나 종교는 지적인 자기 교만으로 본질을 흐립니다. 당신의 삶이 지식으로 그치고 있지는 않나요?

Day 5

"독수리는 둥지를 어지럽히고 새끼 위에 너풀거리며 날개를 펴 새끼를 받습니다. 그리고 날개 위에 새끼를 업고 다닙니다(신명기)." 새끼에게 비행 연습을 시키려고 안락한 둥지를 부수고 새끼들 위에서 날아다니는 독수리처럼, 하느님은 우리에게 비행 연습을 시킵니다. 우리의 편안한 상태를 방해하고, 우리를 하느님의 날개 위에 태웁니다. 독수리가 새끼들을 둥지에서 몰아내는 것은 그들을 추락시키기 위함이 아니라, 다른 방법으로는 새끼들이 나는 법을 배울 수 없기 때문입니다.

Day 6

우리는 충분히 알고 있습니다. 그러나 아는 것으로는 충분하지 않습니다. 날개를 펼치기 위해, 우리의 소명을 알기 위해, 우리는 방해받아야 합니다. 우리가 안전한 둥지에서 밀려나는 것은 나는 법을 배우기 위해서입니다. 연습이 곧 깨달음의 길입니다. 그 연습에서 하느님은 어미 독수리처럼 우리를 두 팔에 안아줍니다. 하느님의 말씀을 실천하십시오. 그러면 하느님이 누구인지 알게 될 것입니다. 깨달은 것을 연습하는 것이 바로 깨달음의 길입니다.

우리는 신의 악기입니다

Week 24

종교 철학자 부버Buber, Martin는 "하나 될 때 진정한 힘이 있습니다"라고 말합니다. 인류의 위대한 지혜서들은 모두 이런 하나 됨을 말합니다. 중국 고사도 "이끌어 주는 주인과 따르는 종. 이것이 위대한 진보의 조건입니다"라고 말합니다.

악기와 연주자의 관계 역시 이런 하나 됨을 보여 줍니다. 바이올리니스트가 연주하는 동안 바이올린과 떨어질 수 없듯이—떨어지면 울림은 없어질 것입니다—하느님도 생명에서 분리될 수 없습니다. 하느님은 생명 위에 좌정해 있지 않고, 생명으로 연주합니다. 그것은 기계적인 연주가 아닙니다. 거의 자신을 망각한 채 울림에 머물며, 곡에 자신의 목소리를 부여하는 연주입니다. 바이올린의 울림은 바이올리니스트의 음성입니다. 그렇게 하느님과 하나 될 때, 내 인생의 울림은 곧 하느님의 음성입니다.

연주자가 악기의 울림을 추구하듯, 하느님은 우리의 참여를 구합니다. 하느님과 하나 되어 울릴 때, 비로소 우리 행동은 빛이 납니다. 연주자가 '여기'서 연주하고, 악기가 '저기'서 소리 내는 것이 아닙니다. 여기에 내가, 저기에 하느님이 있는 것이 아닙니다. 둘이 하나 되어 있습니다. 그러므로 우리 세계에서 하느님의 임재臨在는 고정되어 있지 않습니다. 연주자와 악기의 관계처럼 하느님과 우리의 관계도 서로 영향을 미치며, 자칫 깨어질 수도 있습니다.

Day 1

연주자와 악기가 서로 연결되어 있듯 하느님과 우리도 서로 연결되어 있습니다. 매사에 책임을 다하는 우리의 성실함과 하느님의 일이 조화를 이룰 때, 삶의 아름다움이 유지됩니다. 기도와 일은 서로 맞물려 있고, 서로 배제하거나 소멸시키지 않습니다.

Day 2

우리가 다른 사람을 대하는 세심함에서 하느님의 세심함이, 우리의 깨어 있음에서 그의 임재가, 우리의 태도에서 그의 공평함이, 우리의 행동에서 그의 진리가 보입니다. 우리가 서로 원한을 품지 않고 서로 용서하는 모습에서 그의 자비가 보입니다. 서로 사랑할 때만 우리는 하느님의 일에 참여할 수 있습니다.

Day 3

음악이 울리고, 연주자가 바이올린에서 음을 발견할 때, 악기와 연주자는 완전히 하나가 됩니다. 연주자가 바이올린이 되지는 않지만, 그는 바이올린과 온전히 하나가 됩니다. 바이올린을 연주하는 동안 뗄 수 없는 공동의 울림이 탄생합니다.

Day 4

믿음에 회의가 들 때, 우리는 더러 이렇게 묻습니다. 나는 왜 하느님을 경험할 수 없을까? 이 물음은 연주회에서 "왜 바이올리니스트의 목소리는 들리지 않고 그가 연주하는 바이올린 소리만 들릴까?" 하고 묻는 것이나 마찬가지입니다. 우리가 하느님의 악기임을 이해하면, 악기를 통해 하느님을 경험할 수 있을 것입니다.

Day 5

우리는 세상에서 신을 찾아야 합니다. 일 가운데, 만남 가운데, 아름다움 가운데, 어려움 가운데 신을 찾아야 합니다. 세상을 등지고 신을 찾아서는 안 됩니다. 우리가 "하느님, 당신은 내게서 너무 멀리 있습니다" 하고 기도할 때, 하느님은 이렇게 대답하실 겁니다. "얘야, 너는 나를 어디서 찾고 있느냐? 눈과 마음을 열어 세상에서 나를 보아라. 나는 네가 세상에서 나를 발견하도록 만들었단다. 너를 부르는 세상을 보아라. 나는 그 안에서 네가 바라고 믿고, 일하고 사랑하고, 나를 발견하기를 원한단다. 나의 눈으로 세상을 보기 시작하면 너는 내가 누구인지 알게 될 것이다. 그러면 더는 내가 멀리 있다고 말하지 않을 것이다."

Day 6

우리는 인격체로, 하느님의 형상으로 빚어졌습니다. 그 본질은 사랑입니다. 사랑만이 영원합니다. 아무리 좋은 말도 사랑이 없으면 소용없고, 아무리 좋은 지식과 믿음도 사랑이 없으면 물거품이 됩니다.

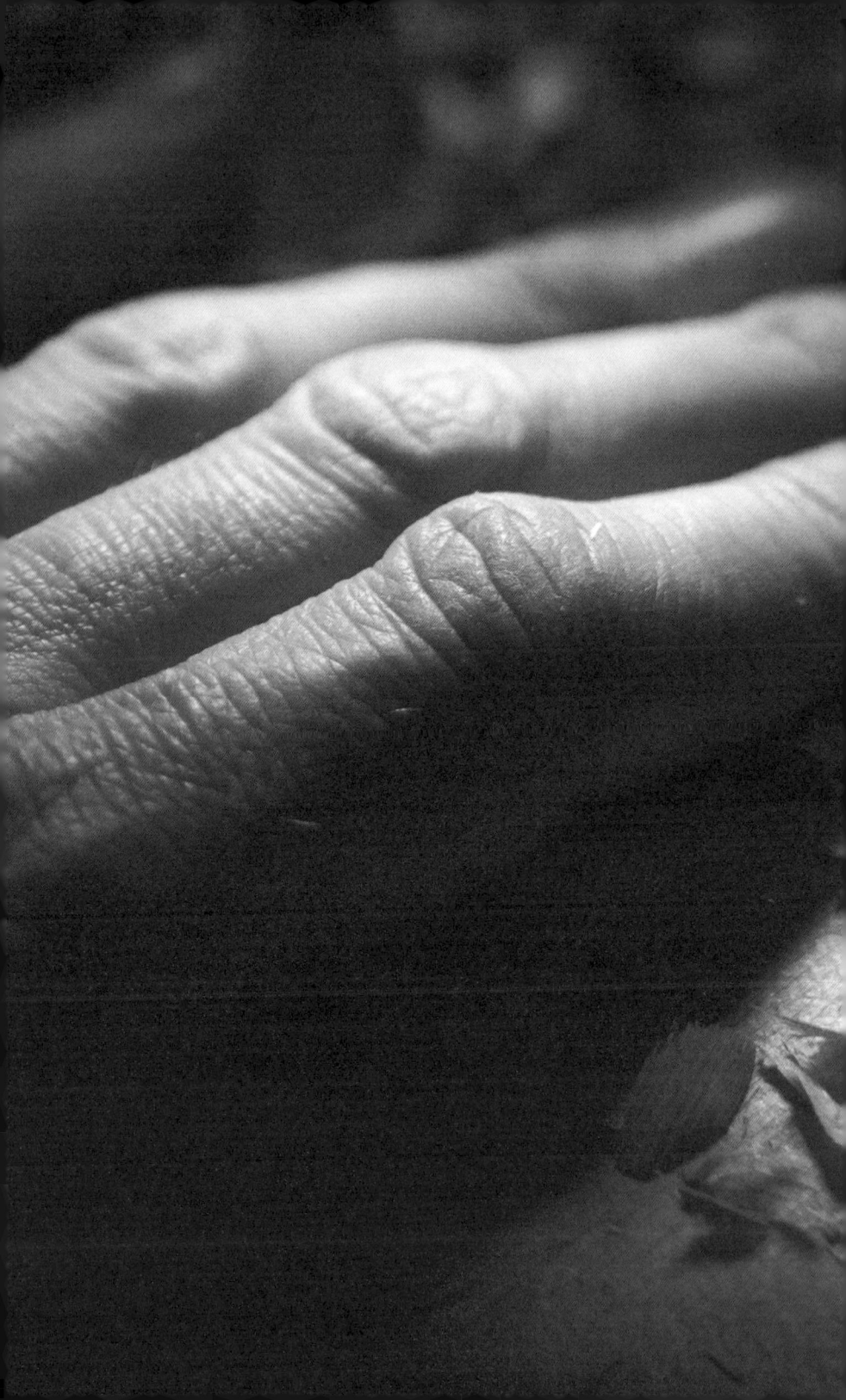

소명의 삶으로

Week 25

얼마 전에 나는 의미 있는 삶을 살아가는 여류 바이올린 장인 질케를 알게 되었습니다. 그녀는 미텐발트(현악기 제작으로 유명한 독일 남부의 도시)에서 바이올린 제작 과정을 수료했습니다. 그런데 다른 사람들처럼 인정받는 작업장의 도제 자리를 구하지 않고, 일 년 예정으로 뉘른베르크 예수회에서 설립한 간디 아슈람Ashram(수행자들의 거처) 학교로 떠났습니다. 사람들은 그녀를 이해하지 못했지요. 그곳에 가면 매력적인 악기를 만드는 대신 '잡동사니'만 수선할 것이 뻔하니까요. 다들 그런 작업은 진로에 방해만 될 것으로 생각했습니다. 하지만 그녀는 흔들림 없이 자신의 길을 갔습니다.

간디 아슈람 학교에는 몹시 가난한 아이들만 입학합니다. 그곳에서는 설립자인 예수회 신부 맥귀레의 뜻에 따라 특별히 바이올린 수입을 신행합니다. 맥귀레 신부는 악기 연주가 아이들의 지적 능력을 키우고 자신감을 높여줄 거라고 생각했습니다. 정말로 이 학교 아이들은 악기 연주를 통해 빛나는 자신감을 경험하고 있습니다. 그곳 아이들 대부분에게 바이올린 연주는 일상에서 가장 중요한 활동입니다. 아이들은 수업이 시작되기 한참 전에 와서 바이올린을 연습하며, 수업이 끝나고도 학교에 남아서 연습합니다. 제 소유의 바이올린 없이, 학교에 보관된 악기를 사용하기 때문이지요. 바이올린 덕분에 간디 아슈람 학교는 가난한 아이들의 고향이 되었습니다.

질케는 얼마 전에 휴가를 받아 나의 작업장에 왔습니다. 그녀는 사람들이 간디 아슈람 학교에 기증한 바이올린 몇 대를 손보았습니다. 그러면서 틈틈이 나에게 그곳 이야기를 들려주었습니다. 그곳에서 경험하는 아이들의 사랑, 주민의 우정, 서로에 대한 친밀감을 이야기할 때 질케의 눈은 반짝였습니다. 그것은 실존의 의미를 아는 사람만이 지니는 눈빛이었습니다.

다른 사람의 행복을 위해 애쓸 때, 우리 삶은 자신의 울타리를 넘어서게 됩니다. 그것이 바로 우리가 부름받은 '초월超越'입니다.

Day 1

필요를 느끼지 못하는 사람은 깨달음을 얻지 못합니다. 그런 사람에게는 신의 빛이 비추지 않습니다. 필요를 알고 갈구하는 사람만이 지혜에 몸 담글 수 있습니다. 지혜 한 모금 가져다 맛볼 수 있습니다. 당신에겐 목마름이 있습니까?

Day 2

필요와 소명은 랍비의 지혜에 인상적으로 요약되어 있습니다. 이스라엘 폰 살란트는 "네 이웃의 물질적 곤궁(필요)은 너의 영적 문제"라고 말했습니다.

Day 3

진정한 영성은 우리 의식이 더 깊은 단계로, 더 높은 단계로 확장되는 것이 아닙니다. 진정한 영성은 우리 의식이 소명으로 나아가는 것입니다. 그 소명은 이웃의 필요를 헤아려 사랑하는 사람이 되는 것입니다.

Day 4

영성을 추구하는 사람이 무엇보다 분명히 해야 할 물음이 하나 있습니다. 자기 삶이 어떤 사람 또는 무엇에 도움이 되어야 하는지 묻는 것이지요. 나는 하느님을 알게 해달라고 요구하기보다 하느님이 오늘 내게 요구하는 것이 무엇인지 아는 사람이 되고 싶습니다. 하느님은 이 세상을 우리의 도움이 필요한 곳으로 창조했기 때문입니다. 당신의 작은 도움은 오늘 어디를 향할 수 있을까요?

Day 5

믿음은 하느님이 선하다는 사실을 믿는 것입니다. 동시에 하느님이 내게 선함을 기대한다는 사실을 아는 것입니다. 우리는 우리에게 주어진 과제에 기꺼이 자신을 선사해야 합니다. 그래서 나는 "내가 무엇을 믿는가?"만 묻기보다 "하느님이 내 삶에서 무엇을 기대하는가?"도 묻고자 합니다.

Day 6

하느님을 인식한 사람은 오만해지지 않고, 겸손하게 세상을 위해 자기를 내줍니다. 이 세상은 도움이 필요한 곳으로 창조되었기에 우리는 소명의 삶을 살 수 있습니다. 우리 안에 늘 소명이 살아 있도록 해야 합니다. 그러지 않으면 우리 마음은 딱딱하게 굳어버리고, 그와 함께 믿음도 마비됩니다.

형태와 울림

Week 26

바이올린을 만들 때 눈에 보이는 것은 나무의 형태입니다. 그러나 내가 만드는 것은 눈에 보이는 형태라기보다 보이지 않는 울림입니다. 형태는 울림이 되고, 그것은 다시 음악이 됩니다. 진동하는 악기에서 울림이 나오듯, 생각하는 두뇌에서 의식이 나옵니다. 성서의 창조 이야기에는 말장난 비슷한 것이 나옵니다. 바로 '아다마(경작지의 진흙)'로부터 '아담(인간)'을 창조했다는 이야기입니다. 이는 형태와 울림 사이의 긴장입니다. 의식 없는 물리적 입자의 화학 반응에서 의식 있는 영혼이 탄생합니다.

우리는 아다마로부터 탄생했지만, 단순한 물질 덩어리가 아닙니다. 우리는 보이는 물질로만 이루어진 것이 아니라, 신비로운 의식을 가지고 있습니다. 어떻게 물질에 의식이 깃들었을까요? 생각할수록 신비롭습니다. 아담, 즉 인간은 예술과 학문을 만들어냅니다. 사랑과 희망을 느낍니다. 제한성과 유한성으로 괴로워합니다. 교향곡을 작곡하고, 그 곡을 연주하는 오케스트라를 후원합니다. 두려움과 행복을 느끼며, 죄를 지을 수도 있고, 성실히 살아갈 수도 있습니다. 인간은 자기가 누구인지, 무엇을 해야 하는지 스스로 묻습니다. 가치 있는 것이 무엇이고, 문제 있는 것이 무엇인지 묻습니다. 지성으로 세계를 연구하고, 인간에게 인간이 수수께끼로 남습니다. 이러한 행위에 믿음이 더해져 인간 의식은 신비로운 불꽃을 갖게 됩니다. 그 불꽃으로 주위 사람들을 밝게 비출 수 있습니다.

Day 1

전직 음악가인 라인홀트는 우크라이나 사람들을 돕습니다. 언젠가 한 지인이 이렇게 탄식했습니다. "우크라이나의 형편은 너무 나빠요. 아무리 도와줘도 밑 빠진 독에 물 붓기예요. 뜨거운 돌에 찬물 한 방울 떨어뜨리는 것밖에 안 된다니까요." 라인홀트는 빙그레 웃더니 이렇게 말했습니다. "많은 사람의 어려운 형편을 모두 더해서 생각하면 안 돼요. 한 사람 한 사람의 어려움은 그 자체로 온전한 어려움입니다. 한 사람의 어려움은 외면한 채, '이렇게 어마어마한 어려움이 있으니 작은 도움은 소용없다'고 말하는 것은 말이 안 됩니다." 예수는 라인홀트가 우크라이나인 한 사람 한 사람에게 한 행동이 바로 예수에게 한 행동이라고 말씀하실 것입니다. 오늘, 당신의 도움이 필요한 그 한 사람은 누구입니까?

Day 2

하느님의 지혜가 우리를 통해 뭔가 좋은 일을 이루는 것, 하늘의 지혜를 닮은 무엇인가가 빚어지는 것, 그것이 바로 행복입니다.

Day 3

우리는 하느님을 '그 자체'로 듣지 않고, 다른 사람을 통해 듣습니다. 따라서 우리는 서로 하느님의 악기가 되어주어야 하고, 각자의 소명에 맞추어 음을 내는 법을 배워야 합니다.

Day 4

하느님과의 대화는 일상을 초월한 무엇인가가 아닙니다. 하느님은 우리의 구체적인 상황 가운데서 말씀하십니다. 일상의 모든 일에 하느님의 말씀이 스며듭니다. 우리는 종종 아무것도 들을 것이 없다고, 아니 듣지 못한다고 여기며 스스로 귀를 틀어막습니다.

Day 5

대상에 따라 인식 방법이 달라져야 합니다. 실내 온도를 알고자 하면서 스톱워치를 사용하는 사람은 없겠지요. 실내 온도를 알고 싶으면 온도계를 사용해야 합니다. 그렇다면 하느님을 인식하는 데는 어떤 방법을 사용해야 할까요? 성서는 "온 마음으로 구하면 하느님을 찾을 수 있고 만날 수 있다(예레미야서 29:13)"고 합니다. 하느님을 추구하고 찾는 마음이 하느님을 발견한다는 뜻입니다. 찾고, 묻고, 연구하고, 기도하는 것. 바로 하느님에 대한 감수성입니다.

Day 6

힘은 오로지 사랑으로부터 나옵니다. 다른 사람들이 가망 없고, 부족하다고 말하는 곳에서 사랑은 발전 가능성을 봅니다. 사랑은 이미 이루어진 것으로부터 무엇을 이끌어낼 수 있을까를 생각합니다. 이루어진 것과 이루어질 것들 사이에서 비로소 '카이로스'의 현재가 생겨납니다.

작곡가와 연주자

Week 27

연주자는 음악을 중재하는 사람입니다. 바로 작곡된 곡을 해석하는 사람이지요. 세계 순회 연주를 하는 피아니스트 브라우티감 Brautigam, Ronald 은 스승 제르킨 Serkin, Rudolf 에 관해 이렇게 증언합니다. "제르킨은 내게 늘 작곡가의 의도를 앞에 세우고, 연주자는 그 뒤에 서야 한다고 강조했어요. 이런 겸손은 깊은 이해에서 비롯해야 하고, 그냥 어쭙잖은 마음가짐에 그쳐서는 안 된다고 했죠. 작곡가의 생각이 연주자의 생각보다 더 낫다는 것을 깨달을 수 있어야 한다고 했어요."

우리는 하느님의 연주자입니다. 삶에서 겸손하게 하느님의 의도를 끌어내야 합니다. 하느님의 생각이 우리 생각보다 나은 까닭입니다. 이는 반드시 깊은 이해에서 비롯해야 합니다. 예수의 삶은 하느님의 의도를 앞에 세우는 겸손으로 점철되어 있습니다. 겸손이 곧 그의 권위였습니다. 예수는 이렇게 말했습니다. "아들이 아버지께서 하시는 일을 보지 않고는 아무것도 스스로 할 수 없다. 아버지께서 행하시는 것을 아들도 행한다(요한복음 5:19)."

Day 1

떼제 공동체를 창시한 로제 수사는 이렇게 말했습니다. "하느님의 가장 매력적인 점은 바로 그분의 겸손이다. 지배를 탐하는 모든 행동은 하느님의 얼굴을 일그러뜨릴 것이다." 오늘 나의 행동이 하느님의 얼굴을 일그러뜨리지는 않습니까?

Day 2

내게 생명을 준 까닭은 다른 사람들 안에서 생명을 보고, 생명을 사랑하라는 뜻입니다. 우리는 꾸준히 상대를 바라보고 "당신을 통해 무엇이 울리는가?" 하고 스스로 물어야 할 것입니다. 오늘 당신은 누구의 울림을 바라봅니까?

Day 3

나는 내 삶에 주어지는 요구들이 두렵지 않습니다. 하느님이 요구하는 것은 하느님이 가능케 하니까요. 하느님은 결코 내가 감당할 수 없는 것을 요구하지 않습니다.

Day 4

하느님은 찾는 사람에게 계시하며, 듣는 사람에게 말씀하시고, 사랑을 실천하는 사람을 통해 자신을 드러냅니다. 성서는 우리 몸을 거룩한 산 제물로 드리라고 말합니다. 매일매일 귀중한 것에 자기 생명을 나누어주라고 합니다.

Day 5

겸손한 사람은 자기 자신에게서 눈을 뗄 수 있습니다. 그것이 바로 그 사람 힘의 근원입니다.

Day 6

신학자 슈테펜스키 Steffensky, Fulbert 는 이렇게 말합니다. "무엇이 영적인 경험인가요? 그것은 어린아이의 눈에서 예수의 눈을 보는 것입니다. 헐벗은 거지에게서 예수의 헐벗음을 경험하는 일입니다. 남매들의 배고픔에서 예수의 배고픔을 보는 것입니다. 하느님 안에 잠기는 사람은 가난한 사람들과 더불어 다시 떠오를 것입니다." 프랑스의 주교 갤리어트는 "자비를 빗겨 가는 하느님 인식은 없다"고 말했습니다.

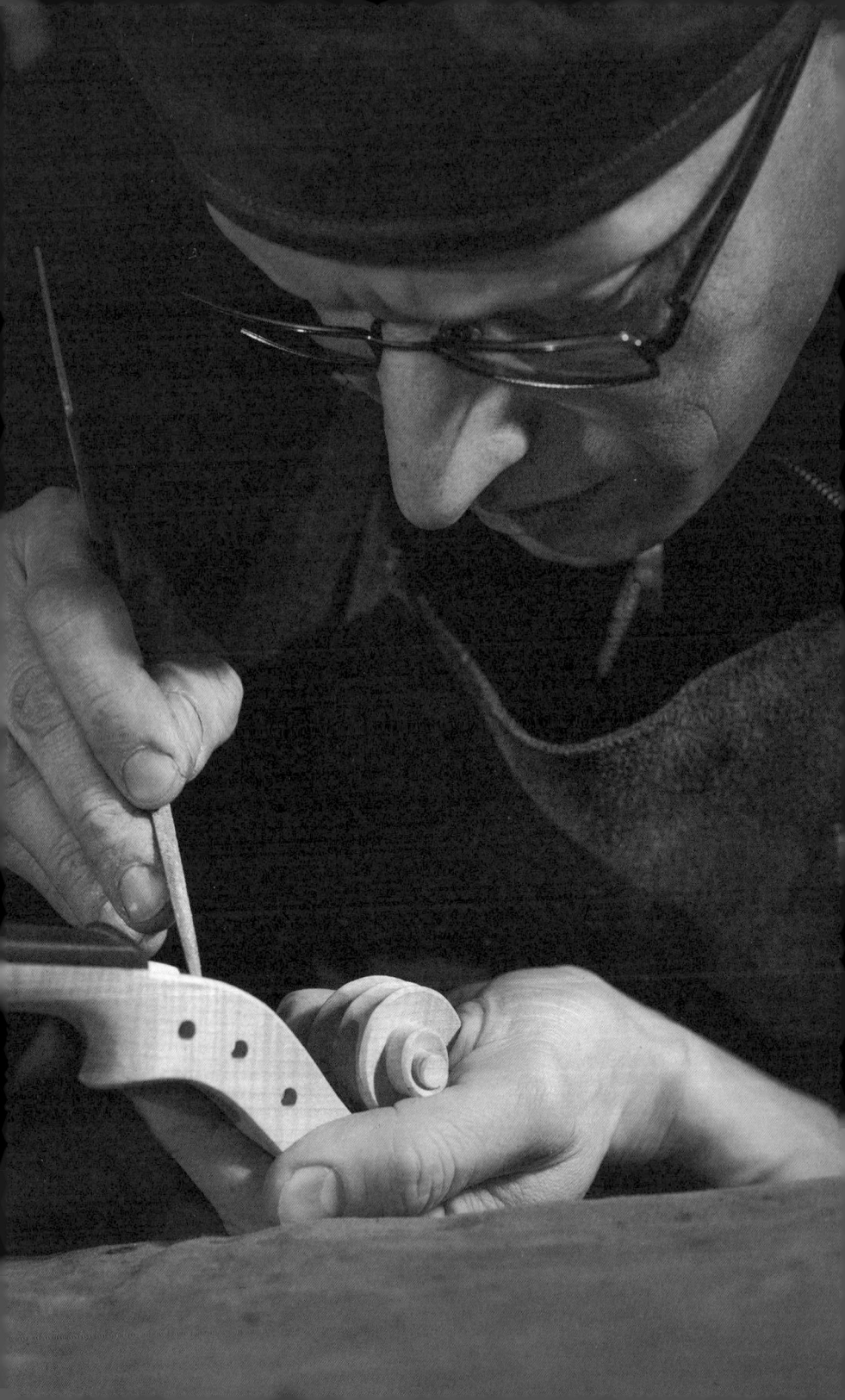

사랑과 수난

Week 28

악기를 손봐 달라며 내 작업실에 오는 첼리스트나 바이올리니스트는 그 표정이나 말투가 꼭 아이를 병원에 데려온 부모 같습니다. 사실 많은 연주자에게 이런 상황은 병원에 가는 것과 다를 바 없습니다. 며칠간 내 작업실에 악기를 맡기고 갈라치면 그들은 전신 마취에 동의하고 아이를 수술대에 눕힌 부모처럼 불안해하지요. 얼마 전에 한 첼리스트가 찾아왔습니다. 며칠 뒤에 중요한 솔로 연주를 해야 하는데 첼로의 A현이 완전히 막힌 소리가 난다며, 이런 상태로는 솔로 연주를 할 수가 없다고 난감해했습니다. 음악가에게 악기는 거의 신체 일부나 마찬가지입니다. 첼로의 음이 변한 상태를 설명할 때, 그는 마치 자기 오른팔이 마비되거나 손가락이 아픈 것처럼 말합니다. 다르지 않습니다. 악기는 그의 일부입니다. 음악가는 악기로 자신의 모든 것을 표현하니까요. 악기는 그의 목소리입니다. 첼리스트가 나의 작업실에 앉아 괴로운 표정으로 첼로를 연주하는 모습을 보며 나는 충격적인 깨달음을 얻었습니다. 계시의 순간이었다고 할까요? 나는 그 첼리스트 안에서 하느님의 모습을 보았습니다. 첼리스트의 모습에서, 인간이 막힌 음을 낼 때 고통스러워하는 하느님의 모습을 본 듯했습니다. 열린 음을 되찾고 싶어 하는 첼리스트의 심정에서, 나는 인간이 제 음을 찾지 못하고 막혀버렸을 때 못내 안타까워하는 하느님의 심정을 느꼈습니다. 우리는 하느님의 악기입니다.

Day 1

약간 과장하자면, 나는 바이올린 제작자로서 작업대에 내 목숨을 바칩니다. 그러나 이는 죽음에 목숨을 내주는 것이 아닙니다. 나는 나의 생명, 즉 나의 시간과 힘, 내 생각과 감정, 나의 수고와 창조성을 탄생하는 악기에 내줍니다. 악기의 울림을 위해 그렇게 합니다. 나는 나의 생명을 사랑으로 내줍니다.

Day 2

예수 안에서 하느님의 수난을 봅니다. 수난은 고통과 사랑이 함께 녹아 있는 말입니다. 사랑을 조금이라도 아는 사람은 고통 없는 사랑이 없다는 사실을 압니다. 사랑하기에 고통스러운가요? 사랑은 원래 그런 것입니다.

Day 3

예수는 자기 포기 없이는 사랑이 있을 수 없음을 보여줍니다. 사랑을 추구하면서 사랑받는 존재에게 고통당할 각오가 없다면, 사랑의 본질을 파악하지 못한 것입니다. 사랑이 부족하고 삭막한 세상에서 사랑을 택한 사람의 삶은 고통의 길이 될 것입니다. 사랑하기에 받는 고통을 자랑스럽게 여기십시오.

Day 4

헌신은 영원한 삶의 속성입니다. 자신을 내줄 줄 아는 사람은 이미 영생의 삶을 살고 있습니다. 우리의 행위에 헌신이 빠져 있다면 신에게 이르는 길을 찾지 못할 것입니다.

Day 5

모든 생명은 다른 생명에 힘입어 삽니다. 다른 사람의 헌신을 통해서 삽니다. 내가 누리는 것 중 생명에 힘입지 않은 것이 있습니까? 먹을 것, 입을 것 모두 마찬가지입니다. 내가 좋은 사람이 되었다면, 그것은 다른 사람들의 헌신이 있었기에 가능했습니다. 내가 좋은 사람이 되고 싶다면, 오로지 헌신을 통해서만 가능합니다. 오늘 당신이 누리는 것들은 누구의 헌신에서 비롯했습니까?

Day 6

자기만 중요하게 여기고, 인정받기만 바라는 사람은 결국 그것을 잃고 맙니다. 가는 길이 어두워집니다. 우리는 언제나 '타인 안의 예수'를 의식하고 존경해야 합니다. 타인 안의 예수를 존중하는 만큼 우리는 예수를 알게 될 것입니다.

자동피아노

Week 29

뮌헨에 있는 독일 박물관에는 독특한 악기가 전시되어 있습니다. 겉보기에는 여느 피아노와 별다를 것 없어 보이지만, 사실은 천공 카드에 의해 자동으로 연주되는 피아노입니다. 악기 내부에서 도르래 바퀴가 돌고, 건반은 역학적으로 풀려 자동으로 움직입니다. 단추를 누르면 건반이 저절로 움직이며, 미리 입력된 멜로디를 반복하지요. 완벽한 연주입니다. 그러나 영감이 없습니다. 언뜻 악기가 생명을 지닌 듯 보이지만 사실은 생명이 없습니다. 모든 소리가 프로그래밍된 기계 장치에서 나올 뿐이지요. 그럴싸하지만 진짜 악기는 아니라는 뜻입니다. 이런 악기를 보면 생명으로 채우지 못하고 그저 기계적으로 맡은 일을 반복하는 소외된 삶이 떠오릅니다. 우리가 기계적으로만 움직일 때, 우리 모습도 그런 악기와 닮지 않았나요? 살아 있는 악기는 다릅니다. 살아 있는 악기는 자극을 해석합니다. 그러려면 일어나는 일들을 보고 들어야 합니다. 영감과 해석, 듣고 행동함. 이것이 우리 삶에 '내적 음악성'을 부여합니다. 우리가 지닌 믿음도 자칫하면 자동 피아노처럼 변할 수 있습니다. 그럴 때 모든 일은 미리 프로그래밍된 대로 기계적으로 돌아갈 것입니다. 세계가 만약 그런 자동 피아노들로만 이루어졌다면, 이 세상은 하늘의 장난감에 불과하겠지요. 영감도 해석도 없이, 기술적으로는 완벽하지만, 생명 없는 세상. 그런 곳에서는 탄식할 일도 없겠지만, 살아갈 이유도 없을 것입니다.

Day 1

우리는 하느님의 악기이지 자동 연주 기계가 아닙니다. 우리의 울림은 기계처럼 완벽하지는 않지만, 생명이 숨 쉽니다. 악기는 결코 자기 가치를 잃지 않습니다. 자랑과 두려움과 불신앙과 반감으로 더는 가치를 펼 수 없다면, 조율이 필요합니다. 한적한 곳에서 보내는 고요한 시간은 자기 가치를 되찾는 조율의 시간입니다.

Day 2

자기를 하찮게 여기는 것이 겸손인 줄 아는 사람이 있습니다. 그것이 경건한 모습인 양 착각하지요. 그러나 겸손은 자기를 비하하는 것이 아닙니다. 하느님을 믿는다고 자신에 대한 믿음이 없어도 되는 것은 아닙니다. 자신을 믿으십시오. 당신은 할 수 있습니다.

Day 3

겸손은 자기를 경시하는 것이 아니라, 다른 사람을 중시하는 것입니다. 그리하여 다른 사람들에게 봉사하는 것입니다. 자기를 경시하는 것과 다른 사람을 중시하는 것은 엄연히 다릅니다. 우리는 겸손하면서도 당당한 사람으로 살아야 합니다.

Day 4

우리의 약한 결을 보며, 우리가 너무 시시하고, 약하고, 병들고, 불안하고, 고장 났고, 한계가 많고, 무가치하고, 절망스럽고, 상처가 있다고 되뇌지는 않나요? 더는 어찌해볼 수 없이 절망스러울 때, 우리는 '왜?'라는 물음 앞에 무감각하게 서 있습니다. 하지만 나는 그런 순간에도 파괴에 나를 맡기고 싶지는 않습니다. 내 마음은 어둡지만, 빛이신 분께로 나아가 하느님의 팔 안에 나를 맡기고 싶습니다.

Day 5

나무와 잎은 막 돋아날 때는 연합니다. 그러나 죽을 때는 바싹 마르고 거칠지요. 하느님의 영은 우리 안에 연한 마음을 창조합니다. 그런 마음은 우리가 싱그럽고 용기 있게 그를 믿도록 이끕니다. 오늘 당신의 마음 상태는 어떻습니까?

Day 6

능력 있는 사람이 아니라, 사랑받는 사람만이 다르게 살 수 있습니다! 사랑받는 사람만이 자기 본연의 모습대로 살 수 있습니다.

잡초와 알곡

Week 30

우리는 이 세상의 모든 불의와 비참함을 보고 묻습니다. "전능하고 선한 하느님이 왜 이런 걸 내버려두지? 하느님이 있다면 왜 세상에 이런 일이 일어나느냔 말이야!" 성서에 이런 이야기가 있습니다 (마태복음 13:24-30). 어느 날 농부가 밭에 알곡을 뿌렸습니다. 그런데 나쁜 사람이 와서 알곡 사이에 가라지 씨를 뿌렸습니다. 가라지는 아주 무성하게 자랐지요. 이것을 본 일꾼이 분개해서 농부에게 말했습니다. "당신은 좋은 씨를 뿌렸잖아요. 그런데 이 가라지들은 다 어디서 온 거죠? 이렇게 내버려두면 안 돼요!" 농부가 대답했습니다. "이건 나쁜 사람이 그런 거예요." 일꾼이 말합니다. "그럼, 가서 다 뽑아버릴까요?" 그러자 농부가 말했습니다. "안 돼요. 가라지를 뽑다가 알곡까지 뽑힐지도 몰라요. 그냥 추수 때까지 내버려둬요. 그런 다음 가라지를 모아서 태우고, 알곡은 내 창고에 들이자고요."

농부는 가라지를 뽑지 않습니다. 그는 신중합니다. 그는 알곡에 무관심하지 않습니다. 그는 지혜롭습니다. 이 이야기는 세상에 악이 횡행하는 원인을 설명하지 않습니다. 다만 하느님의 신중함을 이해하라고 당부합니다.

Day 1

우리 안의 가라지와 알곡은 그리 멀리 떨어져 있지 않습니다. 우리 마음은 오염되어 있습니다.

Day 2

알곡과 쭉정이는 뿌리부터 다르지만, 얼핏 보기에 헷갈릴 정도로 닮았습니다. 누가 줄기만 보고 뿌리를 알겠습니까? 사람은 알 수 없습니다. 신은 우리 손에 낫을 들리지 않았습니다. 우리는 서로 판단하도록 부름받지 않았습니다. 그래서 농부는 일꾼에게 잡초를 베지 말라고 한 것입니다. 좋은 일을 한답시고 함부로 낫을 휘두르면 오히려 악한 자의 뜻이 이루어지게 돕는 결과를 내고 맙니다. '자기만의 의로움'으로 가득한 분노를 끌어내 나쁜 것과 함께 좋은 것까지 파괴해버리도록 하는 것이 바로 악한 자의 의도입니다.

Day 3

농부는 좋은 씨를 뿌렸습니다. 들에는 알곡과 쭉정이가 모두 자랄 수 있습니다. 우리 마음에도 알곡과 쭉정이가 함께 자랍니다. 우리는 알곡을 내도록 부름받았습니다. 이는 다른 사람들이 살 수 있게 돕는 인간이 되도록 부름받았다는 뜻이지요. 알곡은 사람을 살리는 존재니까요. 우리 마음에 알곡을 내는 일은 궁핍한 자를 보듬고, 약한 자를 일으켜 세우고, 상한 갈대를 꺾지 않으며, 꺼져가는 등불을 끄지 않고 불꽃이 다시 살아나도록 사랑으로 북돋는 것입니다.

Day 4

바이올린의 활과 진동하는 현은 기계적으로 접촉하지 않습니다. 활에 너무 많은 압력이 실리면 긁히는 음이 나고, 압력이 너무 낮으면 음이 날립니다. 활이 브릿지에 너무 가까우면 음이 끊기고, 너무 멀면 힘을 잃습니다. 활과 현은 서로 관계 맺고 끊임없이 영향을 주고받습니다. 하느님의 임재도 마찬가지입니다. 절대 일방적이지 않지요. 하느님과 우리는 활과 현처럼 만납니다. 하느님과 우리의 관계도 서로 영향을 주고받으며, 자칫 망가질 수도 있습니다. 하느님 또는 우리 중 한쪽에 의해서만 결정되는 관계라면 경직될 수밖에 없습니다.

Day 5

하느님의 임재는 일방적이지 않습니다. 하느님이 우리와 가까이하고자 하는 만큼 우리 역시 하느님 안에 깊숙이 머물고자 해야 합니다. 하느님은 창조한 대상을 억지로 복종시키지 않습니다. 하느님이 우리에게 구하는 은혜는 찾고, 듣고, 사랑하는 것입니다.

Day 6

하느님의 임재는 고정된 것도, 우리와 무관하게 유지되는 것도 아닙니다. 하느님은 우리 곁에, 우리의 발걸음에, 우리의 호흡 가운데 있습니다. 그러나 우리의 상태와 무관하게 있지는 않습니다. 우리가 받아들이고 의식하는 것과 하느님의 임재는 떼려야 뗄 수 없습니다. 하느님은 과거의 하느님도 아니고 미래의 하느님도 아닙니다. 오직 이 순간, 나와 함께하는 하느님입니다.

조율된 악기

Week 31

나는 종종 악기 때문에 고통스러워하는 연주자들을 만납니다. 악기가 어딘가 틀어지거나 변해서, 둔하거나 날카롭거나 막힌 소리를 낼 때 연주자들은 아주 괴로워합니다. 그들은 고통스러운 표정으로 악기를 들고 와 내게 조율을 맡깁니다. 저는 이런 경험으로 신과 세상의 관계를 비유적으로 깨닫습니다. 어떤 바이올리니스트도 악기 대신 자기가 직접 소리를 냄으로써 고통을 줄이고자 하지 않지요. 신도 마찬가지입니다. 신은 전능하지만, 우리 대신 노래를 불러주지는 않습니다. 우리가 아무리 깨진 음을 내도, 그 소리 때문에 고통스러워할지언정 우리 대신 노래 부르려 하지는 않습니다. 울림을 내는 것은 전적으로 우리 몫이기 때문입니다.

우리가 신의 뜻을 거역할지라도, 우리가 하느님의 악기라는 사실은 변하지 않습니다. 악기처럼 잘 조율되면 다시 아름답게 울릴 수 있습니다. 조율된 인간은 사랑하는 자가 됩니다. 그는 연약한 사람일 수도 있고 그의 길에 어려움도 따르겠지만, 결국 세상에 복이 됩니다. 그는 스스로 사랑하는 자가 되어 '성화聖化(신의 은총으로 의롭게 된 사람이 성령으로 신성한 인격을 완성함)'해갑니다. 성화의 과정은 자신과의 외로운 싸움이 아닙니다. 하느님과 함께하는 협업입니다. 공동의 울림이 탄생하는 것입니다. 당신은 조율된 악기입니까?

Day 1

막힌 음을 내는 우리를 조율하려고 신은 얼마나 자주 말을 걸어올까요? 매번 거절당하면서도 얼마나 자주 우리 마음을 두드릴까요? 예수는 "그들의 불신앙 때문에 그곳에서는 아무것도 할 수가 없었다(마태복음 13:58, 마가복음 6:6)"고 말합니다. 우리의 죄악과 불신앙이 신과 우리 사이를 가릅니다. 하느님의 임재를 방해합니다.

Day 2

믿음이란 하느님이 이룰 일을 기대하고, 하느님의 때를 기다리는 것입니다. 이는 소극적인 기다림이 아니라 적극적인 기다림입니다.

Day 3

삭개오의 이야기에서 우리는 메시아를 통해 조율된 사람을 봅니다. 예수와 함께한 식사 시간은 삭개오 인생의 카이로스였습니다. 삭개오는 카이로스를 경험하고 새로운 울림을 얻었지요. 하느님은 우리 마음의 새로운 울림을 찾고, 우리를 새로운 은혜로 부릅니다. 삭개오는 "내가 가진 것 절반을 가난한 사람들에게 주겠으며, 누군가를 속이면 네 배로 갚겠습니다"라고 했습니다. 조율을 통해 우리는 신이 창조한 세계에 선물이 됩니다.

Day 4

신은 전능하다고 합니다. 우리는 그 전능한 신에게 무엇을 부탁합니까? 소명을 이루게 해달라고 부탁하나요? 이것저것 해달라고 할 것이 아니라, 나의 불신앙을 흔들어 달라고, 나의 게으름과 비겁함, 성장하지 못하고 기도하지 못하게 하는 모든 것, 신적인 행동과 인간적인 행동을 편협하게 가르면서 소명을 마다하는 그 모든 것을 흔들어 무너져 내리게 해달라고 부탁해야 합니다.

Day 5

우리가 소명으로 해야 하는 일을 신의 전능함 뒤로 미루는 것은 냉소적인 책임 회피입니다.

Day 6

신은 우리 마음의 새로운 울림을 찾습니다. 우리 행동이 새로운 은총 가운데 나아가기를 기다립니다. 신의 은총 가운데 머물 때, 우리는 불협화음이 아닌 참다운 소리로 울립니다.

정련

Week 32

우리는 성품을 정련(精練)해야 합니다. 그러려면 자아의 틀을 깨고 나와야 합니다. 자아라는 딱딱한 돌을 녹여야 합니다. 자아를 녹이는 열기는 사랑밖에 없습니다. 딱딱한 자아로 그냥 남고자 하는 태도는 자신에게 갇혀 빈곤한 삶을 살겠다는 결정입니다. 소명 따위 나 몰라라 하는 결정이지요.

　우리가 삶의 의미에 무관심할수록 생활 수단에 탐욕스러워집니다. 확신이 없을수록 안정적인 삶에 대한 욕구가 커집니다. 인정받지 못할수록 갈채를 원하고, 소명을 알지 못할수록 권력욕이 자랍니다. 하느님이 선물로 준 재능을 알지 못할수록 눈에 보이는 능력을 더 탐합니다. 이런 탐욕 가운데 인간은 정련을 거부하고, 무의미한 삶을 살아가는 고통에 무덤덤해집니다. 참된 의미를 찾지 못한 사람들은 헛되이 껍데기를 구합니다. 외적인 것을 추구하는 가운데 우리는 세계를 달구고, 세계를 타락시킵니다. 삶에서 본질적인 것들을 돈으로 살 수 있는 양 오해하고, 자아에 도취해 살아가는 가운데 본질적이지 않은 것들에 자꾸만 비중을 둡니다. 장자(莊子)는 "외적인 것에 비중을 두는 사람은 내적으로 무력해질 것이다"라고 했습니다.

Day 1

우리는 자유로워지고 싶어 합니다. 아무것에도 복종하고 싶어 하지 않습니다. 그래서 소명의 삶을 시작할 때 괴로움을 겪습니다. 우리의 자유가 사랑에 복종해야 하는 까닭입니다. 자유를 최우선으로 하는 사람은 삶의 의미를 잃게 됩니다.

Day 2

우리는 줄에 매달린 꼭두각시 인형이 아닙니다. 복종하는 것은 신의 전능함 앞에 무력함을 느끼는 것이 아니라, 충만한 사랑의 상호작용을 경험하는 일입니다. 오직 사랑을 통해서만 모든 과정에 질서가 깃듭니다. 그것이 바로 구원이자 해방입니다.

Day 3

노자老子는 "약한 것이 강한 것을 이기고, 부드러운 것이 딱딱한 것을 이긴다"고 말했습니다. 예수는 인간으로 온 부드럽고 겸손한 하느님의 힘입니다. 이 부드러운 힘이 우리 마음과 행동을 바꿉니다. 내가 어떤 일을 하기 때문이 아니라, 내 안에서 무엇인가가 깨지기 때문입니다. 햇빛을 향해 나오는 부드러운 식물이 아스팔트를 깨듯이, 하느님에 대한 적개심이 우리 안에서 깨지고 하느님 사랑이라는 부드러운 식물이 빛을 향해 길을 냅니다.

Day 4

우리는 자기 울타리를 넘어 사랑하도록 부름받았습니다. 다른 사람의 행복을 위해 애쓸 때, 우리 삶은 자기를 넘어서게 됩니다.

Day 5

우리는 사랑할 수 있습니다. 그러나 꼭 그래야 하는 것은 아닙니다. 우리에게는 신을 거스를 힘이 있습니다. 다만 그 힘을 행사하는 것은 우리의 선택입니다.

Day 6

얼마 전에 나는 한적한 계곡에서 며칠 조용한 시간을 보냈습니다. 따뜻한 5월이었습니다. 가파른 길을 걸어 내려오다가 문득 산 쪽을 바라보았습니다. 시냇물 소리가 들리고, 5월의 햇빛 속에서 빛나는 초록 나무들이 보였습니다. 그때 하느님이 내 마음속에 이렇게 말씀하시는 것 같았습니다. "자, 주변을 둘러보아라. 내가 너를 위해 이 모든 것을 만들었단다. 하지만 너를 만든 까닭은 너를 위해서가 아니라, 다른 이들을 위해서란다."

Week 33

사랑의 줄에 매여

신은 모든 것을 할 수 있습니다. 그러나 결코 모든 것을 마음대로 하지 않습니다. 바로 그것이 사랑입니다. 사랑하지 않는 자만이 모든 것을 자기 뜻대로 하려 합니다. 사랑하지 않는 자는 상대를 복종하게 할 수 있지만, 사랑하는 자는 그러지 못합니다. 사랑은 복종을 구하지 않고, 사랑하는 자들의 협력을 구합니다. 그것이 사랑의 본질입니다. 사랑은 부르고, 구애하고, 문을 두드리고, 말을 걸고, 귀를 기울이고, 기다립니다. 그리고 마지막에 결정 내립니다. 신은 모든 것이 사랑에 부합되기를 원합니다.

하느님은 천사들을 거느리고 낫을 휘둘러 아들이 십자가에 못 박히는 것을 막을 수도 있었을 것입니다. 그렇게 했다면 잡초는 베어졌을 것이고, 악은 뿌리 뽑혔을 것이며, 인간은 선한 것에 복종했을 것입니다. 하지만 그렇게 했다면 하느님이 창조한 세계는 자신의 권리를 잃었을 것입니다. 하느님은 원하지 않는 자들에게 억지로 선한 것을 불어넣었을 것입니다. 그러나 이는 인간을 꼭두각시로 만드는 조처입니다. 인간 스스로 하느님의 품으로 귀의할 가능성과 품위를 앗아가는 것입니다.

Day 1

우리는 줄에 매달린 꼭두각시 인형이 아닙니다. 다만 '사랑의 줄에 매여(호세아서 11:4)' 있을 뿐입니다. 사랑의 줄은 우리에게서 권리와 의지를 앗아가는 전능함이 아니라 사랑의 상호작용입니다.

Day 2

마음속에 하느님의 영이 있으면, 그 사람의 마음에는 편협함과 두려움으로부터 해방된 넓은 공간이 생겨납니다. 존재의 순간마다 거룩하고 영원한 하느님의 임재와 협력하고 싶어집니다. 우리 삶은 바로 이것을 배워 나가는 과정이 아닐까요?

Day 3

예수를 믿는 것은 다른 세계로 옮겨가겠다는 결단입니다. 하지만 우리가 예수를 받아들일 때, 하느님도 우리와 함께 다른 세계로 옮겨옵니다. 우리의 세계로 말입니다. 믿음은 하느님을 우리 안으로 초대하는 것입니다. 하느님이 우리 안에 머물 때, 우리는 스스로 자기를 소중히 여겨야 합니다. "내 안에 하느님이 계셔!" 하면서 말이지요.

.Day 4

높아진 마음에는 하느님이 올 수 없습니다. 예수가 이 세상에 왔을 때 머물 방이 없었듯이, 자랑과 두려움이 자리 잡은 곳에는 거룩함이 머물 자리가 없습니다. 우리는 하느님이 머무는 존재가 되도록 부름받았습니다. 하느님이 머무는 성전이 되기 위해, 우리는 마음을 낮추어야 합니다.

Day 5

깨닫지 못하는 사람은 생명을 빼앗길 것입니다. 그러나 귀를 기울이는 사람은 그가 어디서 길을 잃었는지, 어떤 상황과 사람을 통해 하느님에게서 벗어났는지 알게 될 것입니다. 그런 뒤에 돌이킴과 용서의 순간들이 옵니다.

Day 6

이런 거룩한 순간에 우리는 무엇을 해야 할지 깨닫습니다. 우리는 그 깨달음을 실천할 수도 있고, 내칠 수도 있습니다. 선택은 우리의 몫입니다. 당신이 결별해야 할 것은 무엇인가요? 자기만의 의로움을 내세우는 것입니까? 어떻게든 쟁취하고자 하는 마음입니까? 지금 당신의 마음 상태는 어떠합니까?

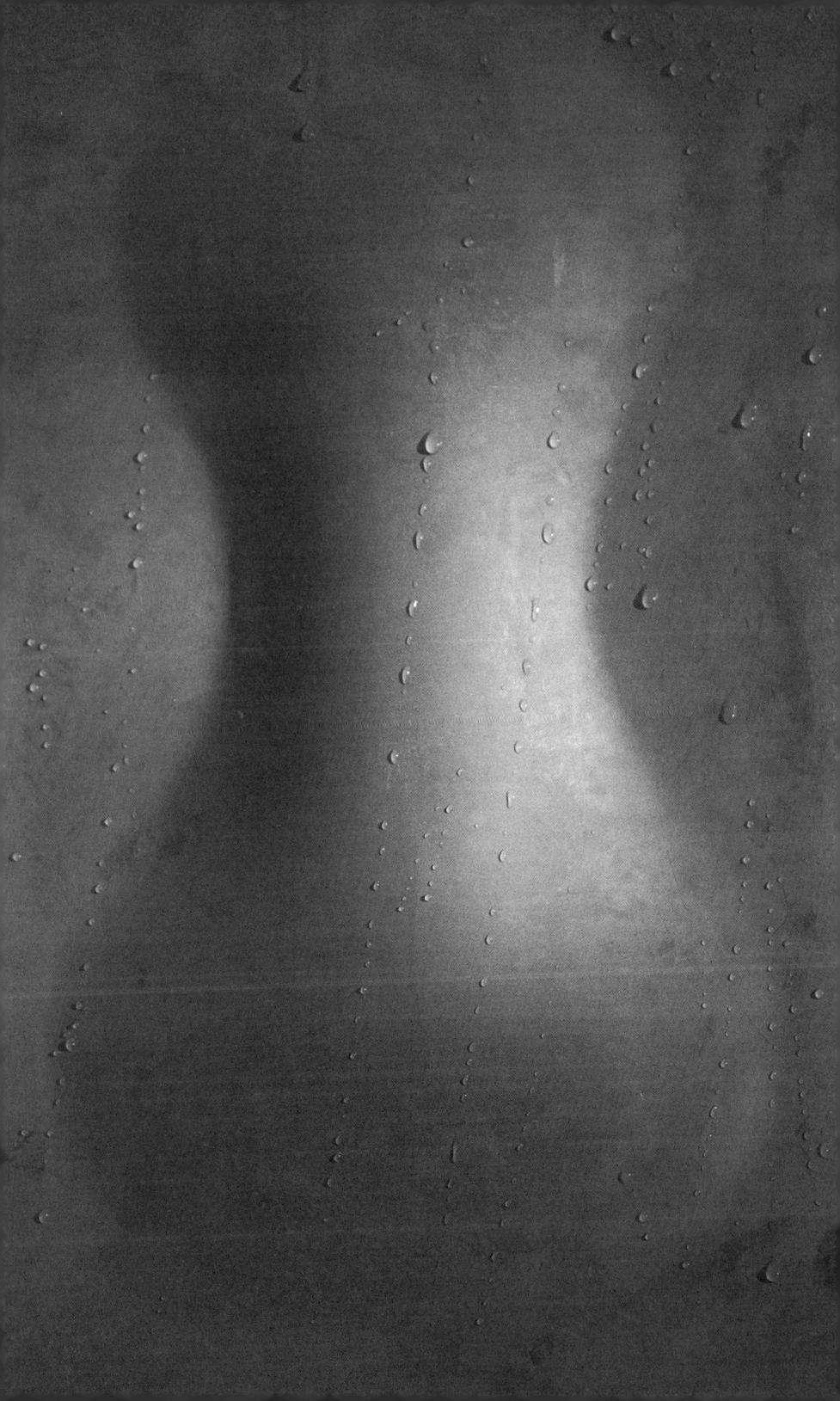

샤콘

Week 34

바흐Bach, Johann Sebastian의 〈샤콘Chaconne〉에서는 하늘에 사무치는 고통이 느껴집니다. 바흐는 아내의 예기치 않은 죽음 앞에서 〈샤콘〉을 썼습니다. 그는 1720년에 자기가 섬기던 제후와 함께 여행을 떠났습니다. 당시 아내는 건강했지요. 그런데 바흐가 아무것도 모르고 돌아왔을 때, 아내는 세상을 떠나 이미 장사 지낸 뒤였습니다. 이런 예기치 않은 이별 앞에서 바흐는 〈샤콘〉을 작곡했습니다.

〈샤콘〉은 아주 감동적이고 사무치는 작품입니다. 한 인간의 괴로움에 대한 말 없는 답변입니다. 나는 〈샤콘〉의 마지막 부분에서 위로를 느낍니다. 이 세상이 주지 못하는 희망이 거기 있는 듯합니다. 〈샤콘〉은 불가사의한 작품입니다. 바이올린의 절망적인 저항으로 시작해 계속해서 질문과 절망을 거듭합니다. 자기 자신을 벗어날 수 없는 듯한 단성부 패시지Passage(독주 기악곡에서 음을 높거나 낮은 방향으로 급하게 진행하는 부분)가 이어집니다. 그러다가 이런 음은 점차 따뜻한 느낌을 불러일으키는 다성부에 에워싸입니다. 답을 얻지는 못했으나, 위로받은 음입니다. 비로소 바이올린은 자기를 넘어서고, 마치 오르간의 울림처럼 깊이 공간을 채웁니다. 바흐는 단순한 인간의 지혜를 뛰어넘는 위로를 경험했음이 틀림없습니다. 〈샤콘〉에서는 한 사람의 세계에 어떤 따뜻한 존재가 발을 들여놓은 듯, 눈물을 말려주는 무엇인가가 울립니다. 천상의 개입이 들립니다. 나는 〈샤콘〉이 고통으로 마구 흔들린 삶에 하느님의 은혜가 개입하는 순간을 묘사한 곡이라고 믿습니다.

Day 1

하느님에게는 결핍이 없습니다. 하느님은 결핍으로 아파하는 것이 아니라, 사랑 때문에 아파합니다. 하느님을 닮고 싶다면, 우리는 기꺼이 그의 고통에 참여해야 합니다. 그것은 사랑하는 자의 고통입니다.

Day 2

하느님은 무엇이든 할 수 있지만 스스로 제한하고, 기꺼이 방해받습니다. 우리의 시간으로 들어오지만, 우리를 둘러싼 조건들을 뛰어넘지 않습니다. 이 세상은 하느님이 우리에게 자신을 내주는 공간이기 때문입니다. 하느님은 우리를 복종시키지 않고 우리를 부르십니다.

Day 3

우리는 신의 전능함을 핑계 삼아 책임을 회피해서는 안 됩니다. 신앙과 일, 은혜와 재능을 통해 약한 사람, 꺼져가는 사람, 꺾인 사람을 섬겨야 합니다. "하느님이 다 알아서 하시겠지." 하며 손 놓고 있어서는 안 됩니다. 마음 상한 사람, 약한 사람, 꺾인 사람에게 마음을 쓰고, 신이 우리에게 기대하는 것을 충족시킬 때, 하느님 나라는 가깝습니다.

Day 4

첼로의 공명판은 연주자의 손길을 받아들이고 울림을 냅니다. 인간의 마음도 마찬가지입니다. 마음은 우리 안에 있는 신비로운 공명판입니다. 마음은 지성이 깃드는 장소가 아니라, 따사로움이 깃드는 장소입니다. 이곳에서 우리 삶의 바탕을 이루는 모든 진리가 깊이 뿌리내립니다. 우리는 마음에서 소명으로 나아갈 수도 있고, 소명을 거부할 수도 있습니다. 우리는 마음으로 신을 만날 수도 있고, 신을 피할 수도 있습니다.

Day 5

하느님은 우리 세계에서 절대적인 존재로 군림하지 않습니다. 하느님은 강한 사람, 위대한 사람, 큰 사람이 아니라 약한 사람, 보잘것없는 사람, 하찮은 사람의 입장에 섭니다. 무시당하고 약하고 하찮은 존재가 되는 것이 무엇인지 잘 알기 때문입니다. 그렇기에 "가난한 사람을 불쌍하게 여기는 것은 내가 가진 것을 하느님께 빌려 드리는 것(잠언 19:17)"과 같습니다.

Day 6

예수회를 창시한 이그나티우스 데 로욜라 Ignatius De Loyola는 "모든 노력이 쓸데없는 것처럼 기도하라. 모든 기도가 무용지물인 것처럼 일하라"고 했습니다. 이는 건강한 모순입니다. 하느님과 인간이 떼려야 뗄 수 없는 상호작용 가운데 있음을 아는 사람만이 권할 수 있는 말입니다. 신의 전능함만을 강조하는 승리에 찬 믿음이나, 인간의 자력만을 고집하는 불신앙 속에는 상호작용, 즉 협연의 신비가 없습니다.

창조적인 불안

Week 35

의심은 우리 마음을 흔들지만, 그 과정은 우리에게 복이 됩니다. 의심은 하느님의 사자입니다. 의심은 뚜렷한 답변이나 확신을 주지는 않습니다. 그러나 거룩한 사람에게 의심은 믿음의 새로운 영역으로 나아가게 합니다. 의심은 전에는 견고함이었으나 이제는 완고함이 되어버린 것을 흔듭니다. 전에는 확신이었으나 지금은 소유가 되어버린 것을 흔듭니다. 전에는 명확함이었으나 지금은 고집이 되어버린 것을 흔듭니다. 전에는 진리였으나 지금은 교리가 되어버린 것을 흔듭니다. 전에는 은혜였으나 지금은 경험이 되어버린 것을 흔들며, 전에는 기도였으나 지금은 뜻 없는 주절거림이 되어버린 것을 흔듭니다. 전에는 재능이었으나 지금은 권력이 되어버린 것을 흔들고, 전에는 복이었으나 지금은 자랑이 되어버린 것을 흔듭니다. 전에는 열정이었으나 지금은 광신이 되어버린 것을 흔들고, 전에는 헌신이었으나 지금은 희생이 되어버린 것을 흔듭니다. 한마디로 의심은, 전에는 사랑이 있었으나 이제는 사랑이 없어져 버린 것들을 흔듭니다.

그리하여 흔들리지 않은 것들만 남게 됩니다. 흔들리지 않는 것은 흔들림의 눈물을 통과한 것들입니다. 흔들림의 눈물은 소중합니다. 그것은 우리의 믿음을 젊게 합니다.

Day 1

믿음은 우리에게 확신으로 작용해야 합니다. 그러나 때로는 불안으로 작용해야 합니다. 이는 '창조적인 불안'입니다. 도를 넘지 않도록 우리를 저지할 수 있는 불안입니다. 고루함과 편협함과 우매함에서 벗어나기 위해 우리에게는 불안이 필요합니다.

Day 2

의심은 우리의 속사람이 겪는 성장통입니다. 성장에는 성장통이 따르기 마련입니다.

Day 3

의심은 이렇게 말합니다. "네 머리로 이해할 수 있는 것만 인정하고 있지 않니? 네 눈에 보기 좋은 것만 믿지 않니? 네가 느끼는 것만 인정하지 않니? 마음을 넓히고 일어나는 일들에 주의를 기울이렴. 하느님 앞에서 침묵의 시간을 가져 보렴." 자기 상태를 계속 타진해보고, 자기 의견을 계속해서 되뇌어보는 과정이 끝나야 비로소 우리는 귀를 기울일 수 있습니다. 듣는다는 것은 사랑의 행위입니다. 이제 의심은 자기 사명을 완수했습니다.

Day 4

의심은 자랑하는 마음이나 자기만 옳다고 여기는 마음, 자기를 스승으로 여기는 마음으로부터는 튕겨 나옵니다. 그런 마음은 의심이 비집고 들어갈 여지를 주지 않거든요. 의심이 복이 되는 까닭은 우리에게 초심자의 마음을 주기 때문입니다. 우리는 의심을 통해 다시금 배우는 자가 되어 출발한 장소로 돌아갑니다. 믿음이 복이 되는 장소로 돌아갑니다.

Day 5

믿음은 교리에 맞는 신앙 고백 그 이상입니다. 믿음은 내면의 교사처럼 우리 삶에 감탄과 놀라움을 줍니다. 형식적인 경건을 고집하며, 변화에 열려 있지 않은 공동체는 믿음의 본질과 거리가 멉니다.

Day 6

교리나 규범을 우상화해서는 안 됩니다. 형식적인 것들에 얽매이면 교리나 계명이나 규범이 하느님 자리를 차지할 것입니다. 휘청거리거나 넘어지지 않게 생각으로 아주 꽉 붙들어야 하는, 나약한 신이 되어버릴 것입니다. 우리는 지금 무엇을 붙들고 있습니까? 살아 있는 믿음입니까? 아니면 죽어버린 교리나 규범입니까?

의심과의 대화

Week 36

어느 고요한 아침, 나는 의심과 대화했습니다.

"의심, 이 친구야, 자네가 나를 일찌감치 잠에서 깨우는구먼. 자네와 나는 긴 시간을 함께했지. 사실 난 자네와 함께하는 시간이 그리 유쾌하지 않을 때도 잦았다네. 하지만 자네에게 감사해. 자네가 없었다면 난 너무 빨리 만족해버렸을 테니까. 자네는 내게 캐묻고 연구하라고 다그쳤지. 내가 철저해지기를 바랐지. 그런 자네가 없었다면 지금의 나는 없었을 걸세. 요즘 내가 자네에게 시간을 많이 못 내고 있다는 건 나도 아네. 그렇지만 너무 언짢아하지 말게. 난 다른 친구들의 이야기에도 귀를 기울여야 한다네. 해야 할 일이 내 앞에 있거든. 일단은 약해지지 않고 그 일을 하려 해. 그 뒤에 자네 말을 들으러 다시 오겠네. 지금은 무엇보다 소명의 삶을 살면서 소망이라는 친구와 더 많은 시간을 함께하고 싶다네. 그러고 나면 분명 자네는 다시 내게 물어올 테지. 나는 대답을 할 테고 말이야. 그때 난 자네 물음에 말이 아닌 행동으로 대답하겠네."

Day 1

에스파냐의 철학자 우나무노Unamuno, Miguel de는 이렇게 말합니다. "하느님을 믿는다고 생각하지만, 가슴에 열정도 없고, 정신적 고통도 없고, 의심도 불안도 절망도 없이 자족하는 사람은 하느님에 대한 생각을 믿을 뿐, 하느님 자체를 믿는 것이 아니다." 의심과 불안은 우리를 깨어 있게 합니다.

Day 2

의심은 하느님이 보낸 사자使者일 수 있습니다.

Day 3

의심은 하느님의 사자로서, 우리의 상태를 묻습니다. 우리가 깨달은 것을 실천하고 있느냐고 말입니다. 믿음이 단단해지는 것은 생각이나 감정을 통해서가 아니라 순종을 통해서입니다. 의심은 생각이나 감정으로 극복할 수 있는 대상이 아닙니다. 의심은 소명을 받아들이고 봉사하는 삶을 통해 극복할 수 있습니다.

Day 4

때로 우리는 신의 침묵에 탄식합니다. 그러면서 신이 우리에게 응답했던 지난날을, 그 장소나 상황들을 그냥 흘려 넘겨버립니다. 돌이킴이란 하느님이 우리를 기다리는 곳으로 돌아가는 것인지도 모릅니다. "얘야, 기억하니? 이곳에서 내가 너에게 말했고, 너는 내 음성을 들었잖니. 나는 늘 여기서 너를 기다렸단다." 하느님은 지난번 그 자리에서 우리를 기다리고 있을지도 모릅니다. 보이지는 않지만, 하늘의 문이 있는 장소들이 있습니다. 당신에게 그런 장소는 어디입니까?

Day 5

신앙이란 이해하는 길이 아니고 신뢰하는 길입니다. 고단한 삶 가운데 믿음을 잃지 않는 태도는 거룩한 고집입니다.

Day 6

믿음이 우리의 마음을 비추면 보상은 오늘 이미 주어져 어둠도 어둡지 않습니다. 믿음은 고통의 이유를 '이해하는 것'이 아니라 신뢰함으로써 고통을 '견딥니다'.

울타리를 넘어

Week 37

우리는 자꾸 우리의 좁은 신앙에 울타리를 칩니다. 우리 눈에 참되고 가치 있게 보이는 것을 보호하고자 선을 긋는 것이지요. 마치 그것이 복된 땅이라도 되는 듯, 우리의 조막만 한 정신적 테두리로 지키려 합니다. 그렇게 우리는 끼리끼리 정형화된 생각에 갇힙니다. 이런 생각이 병드는 것은 시간문제입니다. 자기 생각만이 옳다고 믿으며, 그 생각을 강요하는 단순 무지한 공간에서는 거룩함이 숨 쉴 수 없습니다. 끼리끼리 뭉치는 정신은 그 가운데 있는 '선善'조차 병들게 합니다.

하느님은 그 어떤 무리에도 속하지 않습니다. 그러므로 다른 사람과의 만남, 다른 공동체와의 만남, 다른 믿음과의 만남, 다른 경험과 다른 확신과의 만남은 바로 하느님과의 만남입니다. 마음을 넓혀 자기를 넘어섰을 때, 우리는 종종 그곳에서 보물과 같은 진리를 발견하고 놀랍니다.

Day 1

자기를 둘러싼 '끼리끼리'를 넘어 자신이 가진 것을 다른 사람과도 나누는 일이 곧 하느님과 만나는 길입니다. 오직 자기 것만 외치면 그 주장은 날카로운 외침이 될 뿐입니다. 이해할 수 없어도 다름을 존중하며, 다름에 비추어 자기를 정화하고, 스스로 제동을 걸 수 있을 때, 우리 내면은 더 아름다워집니다.

Day 2

진리는 우리가 선을 긋고 규정해야 하는 대상이 아닙니다. 우리가 진리를 위해 할 수 있는 일은 진리를 사랑하고 진리에 깨어 있는 것뿐, 진리를 수호하려고 애써 울타리를 칠 필요가 없습니다. 우리는 진리 가운데 자유로울 수 있습니다. 성서는 우리가 진리 앞에 어떻게 해야 하는지 가르쳐줍니다. "하느님의 지혜(진리)를 사랑하는 사람만이 지혜를 깨닫고, 지혜를 구하는 사람이 이를 발견한다. 지혜는 열망하는 사람에게 찾아오고, 그런 사람이 지혜를 가진다."

Day 3

더러는 우리가 지혜를 발견하기보다 지혜가 우리를 발견하는 것 같습니다. 우연히 무엇인가를 만나고, 행운과 섭리를 경험하고, 신비한 빛이 우리를 비출 때 무엇인가를 깨닫기도 하지요. 그렇게 일이 열리는 것을 보면 아주 신비합니다. 본질적인 것은 우리의 이성으로 이해하고 납득하는 것이 아니라, 불현듯 엄습해오는 것이 아닐까요? 오늘 당신을 엄습할 지혜에 마음의 문을 여십시오.

Day 4

과학을 통해 우리는 인간이 인식할 수 있는 우주의 아주 작은 부분까지 접근할 수 있습니다. 반대로 믿음은 인간이 인정할 수밖에 없는 더 커다란 부분으로 우리를 데려갑니다. 우리는 그곳에서 우리가 사랑하는 것만 인식할 수 있고, 우리가 인정하는 것만 경험할 수 있습니다. 이해하고 인식하고자 할 뿐, 신뢰하고 인정하지 못하는 사람은 필연적으로 가련한 삶을 살게 될 것입니다.

Day 5

예수를 아는 사람은, 관용寬容이 진리의 가장 깊은 본질임을 알 것입니다.

Day 6

믿음은 존재와 실존을 연구하는 것입니다. 이런 연구에 사랑과 겸손이 빠지면, 연구는 막다른 골목에 부딪혀 나아갈 수가 없습니다.

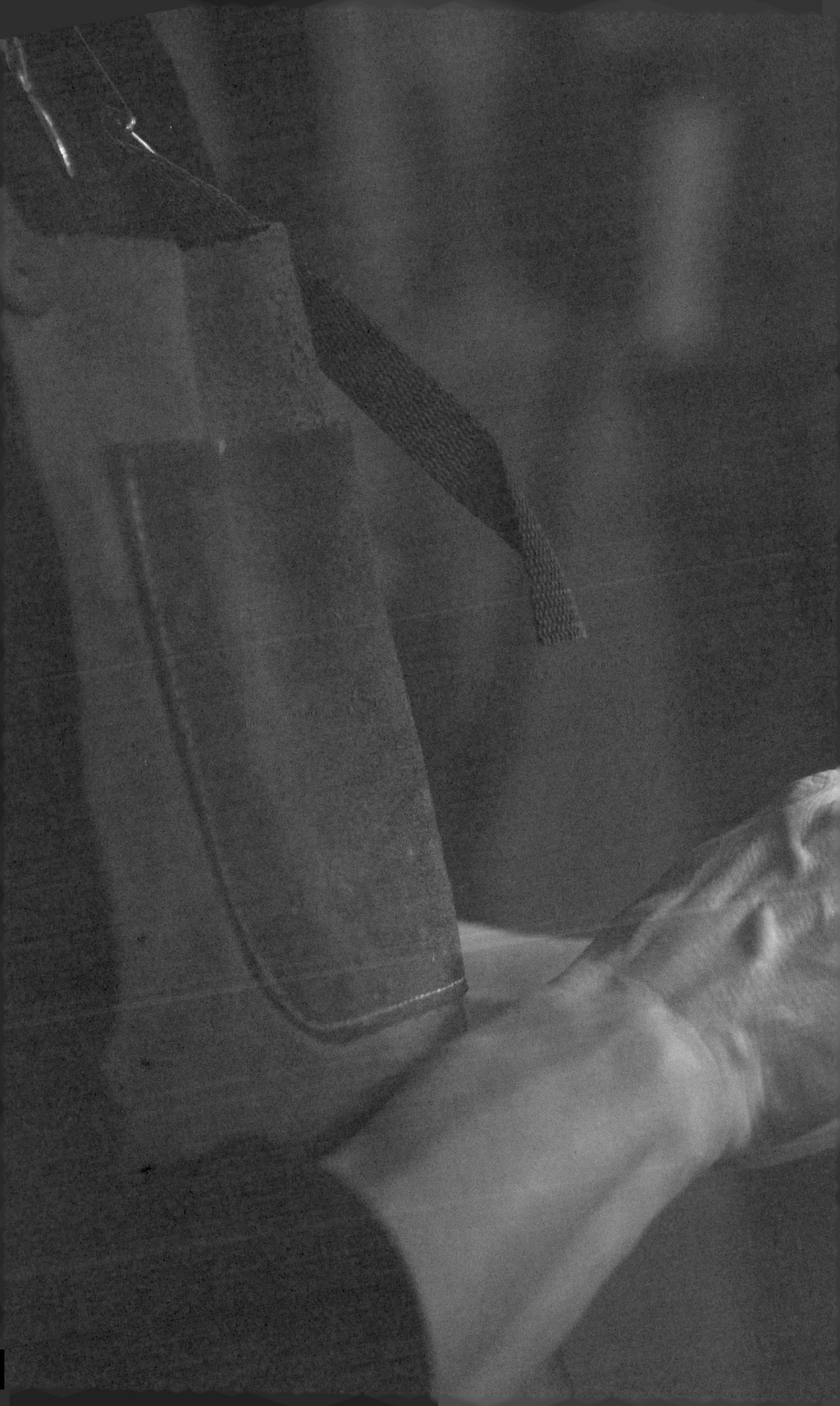

은혜의 선물

Week 38

작업실에서 스트라디바리우스를 처음 들었을 때, 나는 강렬하게 공간을 채우는 바이올린의 아름다움을 느꼈습니다. 바이올리니스트 미하엘은 외형까지도 아주 우아한 이 1712년산 스트라디바리우스를 무척 조심스럽고 수줍게 연주했습니다. 그가 내게 악기를 선보이려고 고른 곡은 바흐의 〈샤콘〉이었습니다. 첫 화음을 내자마자 이미 말로 형언할 수 없는 따뜻함과 부드러운 호흡, 풍만감과 광채가 공간을 가득 채웠습니다. 숙련되지 않은 귀로도 분별할 수 있을 정도였지요. 나는 강한 전율을 느꼈습니다. 바이올린 소리를 들으며, 하느님의 임재와 은총을 그토록 강하게 느낀 적은 드물었습니다.

은혜 또는 은총이라는 말은 신약 성서에 '카리스Charis'라고 나옵니다. '카리스마Charisma'는 은혜의 선물을 뜻합니다. 한편 카리스라는 말은 우아한 아름다움을 뜻하기도 합니다. 〈시편〉 45:2절에 "은혜(카리스)를 입술에 머금었다"고 할 때 이는 아름다움을 입술에 머금었다는 말로도 풀이할 수 있습니다.

스트라디바리우스는 카리스마를 지녔습니다. 스트라디바리우스는 음색에 부어진 기도와 같습니다. 스트라디바리는 자기가 제작한 악기에 사인할 때마다 쪽지에 십자가를 그리고, 그 아래 'AS'라고 서명했습니다. 그는 작품을 제작할 때마다 자신을 십자가 아래 둔 것입니다. 그렇게 만든 바이올린이 내는 울림은 마치 음의 구름 속을 거니는 듯 느껴집니다. 부드러움과 힘을 동시에 느낄 수 있습니다.

또 다른 명장 과르니에리Guarneri의 바이올린은 그와 다릅니다.

과르니에리의 바이올린은 음이 갓 내린 눈을 연상시킵니다. 연주할 때면 소복이 내린 눈을 발로 밟을 때 발 아래서 눈이 뽀드득 눌릴 때처럼 포만감을 주지요. 저음부는 진하고 어둡고, 압축된 소리, 깊은 곳에서 불그레한 울림을 냅니다. 과르니에리는 도전하고 투쟁해야 하는 바이올린입니다. 스트라디바리의 바이올린은 이와 다릅니다. 스트라디바리우스와는 싸워서는 안 됩니다. 싸우면 거칠고 나쁜 소리가 납니다. 언제나 악기와 하나 되어, 음을 하나하나 얻어 나가야 합니다. 몰아붙이고 권력을 행사하려 하면 실패하고 맙니다. 스트라디바리우스를 연주하다 보면 스스로 악기가 되어 연주되는 듯한 기분을 느낍니다.

Day 1

영혼을 어루만지는 악기들이 있습니다. 그들이 내는 음에는 카리스마가 있습니다. 그런 악기는 듣는 이의 마음을 활짝 열게 합니다. 그런 악기들은 억지 부리지 않고, 의기양양해하지 않습니다. 천박하지 않으며, 음색 조절 범위가 넓습니다. 이런 악기들은 우리의 마음을 얻고자 합니다.

Day 2

성서가 악보라면 그 속에 담긴 구절들은 오선지 위의 선율입니다. 성서에는 은혜의 울림을 지닌 구절들이 있습니다. 이런 구절은 자신을 읽고 연주해 줄 악기를 찾습니다. 우리가 악기가 되어 그 선율을 연주할 때, 이는 우리가 은혜로운 구절을 읽는 것이 아니라, 그 구절들이 우리를 읽는 것입니다.

Day 3

악기를 통해 음이 나온다고, 바이올린이 곡을 연주한다고 생각하십니까? 사실은 음악이 악기를 연주합니다. 어떤 음악이 우리 가슴에 흐르고 있는가, 그것이 중요합니다.

Day 4

모든 사람은 저마다 다른 카리스마(재능)를 가졌습니다. 우리에게는 우리가 받은 것, 즉 은혜의 선물에 대한 책임이 있습니다. 우리가 받은 것들을 무시한 채 다른 이를 '모방'하려 할 때, 우리의 재능은 마르거나 썩어버립니다.

Day 5

은혜는 인간이 할 일을 절대로 대신 해주지 않습니다. 다만 인간을 통해서만 효력을 나타냅니다. 은혜는 이렇게 말합니다. "포기하지 말고 자기가 누구인지 배우라! 오로지 자기 자신이 되라. 모든 악기가 자신만의 고유한 공명판을 가지고 있다."

Day 6

세상을 떠나 천국에 갔을 때, 사람들은 당신에게 "넌 왜 스트라디바리가 되지 않았니?", "넌 왜 이사야Isaiah(고대 유대의 선지자)가 되지 않았니?"라고 묻지 않을 것입니다. "넌 왜 아무개(당신의 이름)가 되지 않았니?"라고 물을 것입니다. 지금 당신은 누구입니까?

역설 속의 진리

Week 39

세계 곳곳에서 일어나는 일을 보며, 나는 종종 이렇게 묻습니다. '나는 과연 어떤 권리로 이렇게 살아남아 있는 것일까? 내가 무언가 특별한 소임을 해야 하기 때문이 아닐까? 아니면 신이 나를 사랑하기에 이렇게 살아남아 있는 것일까? 그렇다면 위험이 닥친 곳에는 신이 없단 말인가? 먼 곳의 일이야 나와 상관없으니 그저 두 눈 질끈 감고 나만의 믿음에 달라붙어 있으면 그만인가? 다른 사람이 겪는 어려움은 내가 신을 의심할 이유가 되지 않는가? 나에게 고난이 닥쳤을 때만 의심이 나를 흔드는가? 내가 잘 지내면 신은 좋은 분이고, 내가 어려움을 겪는 것은 신이 나를 버린 탓인가? 자기의 고난 앞에서만 신과 씨름하는 것이 과연 성숙한 믿음의 징표인가?'

나는 어려움을 겪을 때 신을 신뢰하고 싶습니다. 그리고 다른 사람의 고통을 볼 때 신과 씨름하고자 합니다. 나에게 아무 일도 일어나지 않은 것에 그저 감사하고 신을 믿는다면, 그것은 유치하고 얕은 믿음일 것입니다. 자기만의 행복 안에서 마비된 믿음은 무지와 자아도취와 두려움이라는 뿌리 위에 자란 믿음입니다. 이는 열린 믿음이 아닙니다. 열린 믿음은 신의 지혜를 구하고, 그것을 열렬하게 찾을 준비가 되어 있는 믿음입니다.

Day 1

신뢰는 우리를 메시아의 작업장으로 인도합니다. 메시아와의 첫 만남은 용서입니다. 우리는 메시아를 만남으로써 우리에게 고통 준 사람들과 환경을 용서하게 됩니다. 자기만의 의로움으로 가득찬 마음에서는 치유가 이루어지지 않습니다.

Day 2

"크고자 한다면 모두를 섬기는 자가 되어야 하리라." 성서의 이 구절은 진리가 담긴 역설입니다. 예수는 모두의 종이며, 모두에게 생명을 내주었으므로 가장 큰 자입니다. 노자는 이렇게 말합니다. "세상 그 무엇도 물만큼 부드럽거나 약하지 않다. 그러나 그렇게 약한 것이 강한 것을 누르고, 그토록 부드러운 것이 딱딱한 것을 이김을 세상 사람이 다 안다."

Day 3

부버는 "인격적인 하느님을 포기하는 것은 하느님을 관념으로 만드는 것이다. 관념은 기껏해야 '사랑받을 수 있을 뿐' 그 스스로는 사랑할 수 없다"고 했습니다. 인격적인 하느님은 우리와 관계 맺는 하느님입니다. 하느님이 듣고 있기에 우리가 기도를 올릴 수 있습니다. 하느님이 행동하기에 우리가 그것을 경험할 수 있습니다. 하느님이 사랑하기에 우리가 응답할 수 있고, 하느님이 말하기에 우리가 들을 수 있습니다.

Day 4

위기는 몸이나 마음의 고통을 동반합니다. 우리가 사는 동안 고통을 만나지 않을 수 없습니다. 그런데 좋은 울림에 대한 동경은 고통을 통해 유지되는 듯합니다. 고통을 겪을 때, 우리 안에서는 잘못된 것을 고치고자 하는 마음이 용솟음칩니다. 조화에 대한 동경이 살아나지요. 이런 동경이 없다면 세계의 '음악'은 참을 수 없는 지경이 되고 말 것입니다.

Day 5

몇 주씩 등에 통증을 느낄 때면 나는 반사적으로 기도합니다. "어휴, 등 통증이요!" 하고 말입니다. 그런데 이런 기도 한 번으로 마법의 단추를 누른 듯 통증이 씻은 듯이 사라진다면 어떻게 될까요? 하느님이 내 뜻을 모두 들어준다면 내 인생은 경박한 울림밖에 내지 못할 수도 있습니다. 바이올린 제작자에게 등 통증은 일종의 직업병입니다. 그런데 내 몸이 통증을 느끼지 못한다면, 나는 자신을 착취하게 될 것입니다. 등 통증은 내게 자신을 혹사하지 말라고 일러주는 신호입니다.

Day 6

우리는 위기를 싫어합니다. 그러나 인생을 다 살고 돌아보면, 위기 없는 삶은 온갖 고난을 통과하며 인도받은 삶보다 소명을 이루기가 더 어려웠음을 알게 될 것입니다. 신은 불가사의한 방식으로 고통 가운데 함께합니다. 신이 함께한다고 해서 고통이 사라지지도 않고, 물음에 대한 답을 얻는 것도 아니지만, 심오한 위로가 우리 안으로 스며듭니다. 이는 숨 막히는 현존입니다. 우리는 고통을 이해할 수 없습니다. 고통 가운데 믿음으로 서 있을 뿐입니다.

Week 40
고통의 한가운데

바이올린을 만들 때, 대패가 나뭇결을 거스르는 단계가 있습니다. 나뭇결을 파악하기 위해서입니다. 언뜻 보면 대패가 무턱대고 나무를 무시하는 것 같습니다. 나무가 말을 할 수 있다면 이렇게 소리 질렀을지도 모릅니다. "이게 무슨 일이야? 창조자의 지혜는 다 어디로 간 거야?" 하지만 그런 고통을 거쳐야만 중요한 과정을 통과할 수 있습니다. 나뭇결이 갈라지며 자기 성질을 알리는 지점, 즉 대패가 강하게 진동하고 나무가 거친 소리를 내는 곳에서 바이올린 제작자는 나무를 알게 됩니다. 나뭇결을 거스르는 거친 대패질은 나무에게 위기입니다. 하지만 이런 위기에도 지혜는 여전히 지혜로 남아 있습니다. 지혜는 고통을 뚫고 들어가 마침내 작품을 완성합니다.

나는 살아가는 동안 기막히고 실망스럽고 어려운 시기가 닥치는 것을 기꺼이 받아들이려 합니다. 성숙한 믿음은 신을 신뢰하는 것뿐 아니라, 그의 신비 앞에 머리 숙일 줄 아는 것입니다. 삶이 자기가 원하는 대로만 흘러가지 않을 수도 있음을 알고, 그것을 인정하는 것이 바로 신을 향한 경외입니다. 이렇게 신을 두려워하는 것은 사랑을 벗어나는 것이 아니라, 사랑의 본질적인 부분입니다. 몸의 고통이 우리 몸 어디가 어떻게 아프고, 무엇을 주의해야 하는지 알려주듯이, 믿음의 고통은 우리 삶에 무엇인가 잘못된 부분이 있음을 알려주는 암시인지도 모릅니다.

Day 1

나는 고통이 없으면 이 세상이 더 나빠질지도 모른다고 생각합니다. 그렇다고 고통을 정당화하려는 것은 아닙니다. 하지만 나는 고통받는 사람들로 인해 이웃 사랑을 일깨울 수 있음을 경험했습니다. 이웃 사랑은 자아의 편협함과 진부함을 넘어서게 합니다. 우리는 어려움 가운데 서로 의존합니다. 고통이 우리에게 전하는 메시지는 이웃을 위한 삶이 이 세상을 견딜 만하게 해준다는 사실입니다. 바로 그 안에 우리의 삶을 지탱해주는 거룩한 힘이 있습니다.

Day 2

위기 뒤에 남는 것은 오로지 사랑입니다. 예수를 세 번이나 부인한 베드로에게 예수는 "나를 믿느냐?"고 묻지 않고, "나를 사랑하느냐?" 하고 물었습니다.

Day 3

누구도 믿음을 재산처럼 소유할 수 없습니다. 믿음은 곡식처럼 창고에 쌓아두거나, 덜어올 수 있는 것이 아닙니다. 지난 세월 동안 믿음을 쌓았으니 이제는 쉴 거라고 말할 수도 없습니다. 믿음은 우리가 필요로 하는 순간에만 얻을 수 있습니다. 평안한 시절, 우리는 믿음이 있다고 생각합니다. 그러나 의심이 삶을 무겁게 짓누르고, 걱정과 고통과 두려움과 경악이 삶에 드리울 때야말로 믿음이 필요합니다. 바로 그럴 때, 우리는 믿음을 배울 수 있습니다.

Day 4

의심과 믿음은 동전의 양면입니다. 의심은 믿음의 한 형태입니다. 의심 속에는 자문하는 믿음이 살고 있기 때문입니다. 그런 믿음은 그저 틀에 박힌 대답으로 만족하지 않습니다. 그렇다고 다른 대답을 알고 있는 것도 아닙니다. 더 나은 대답은 없습니다. 더 나은 대답이 있다면, 그것은 의심이 아니라 다른 믿음이라고 해야겠지요. 의심하는 사람은 자신의 믿음을 틀에 박힌 무지의 얇은 얼음 위에 내버려 두지 않습니다. 틀에 박힌 대답으로 만족할 수 없기 때문입니다.

Day 5

성숙한 믿음은 의심과 혼란을 피하지 않습니다. 명쾌한 대답을 통해 의심을 떠나는 일은 드뭅니다. 의심과 결별하는 것은 '대답'을 통해서가 아니라 '용기'를 통해서입니다. 우리는 의심을 두려워해서는 안 됩니다. 우리가 경계해야 할 것은 '의심'이 아니라 '무심함'입니다. 무심함은 사랑의 죽음이자, 믿음의 죽음입니다. 물론 의심이 믿음을 더 쉽게 해주지는 않습니다. 하지만 더 진실하고 깊이 있는 믿음으로 인도할 수 있습니다.

Day 6

'내가 무엇을 믿을 수 있는가?'가 아니라, '내가 무엇을 사랑하고자 하는가?' 하는 물음에 나를 설득할 힘이 담겨 있습니다. 눈앞에 닥치는 위기 속에서 우리가 믿는 바는 닳을 수도 있고, 결국 끊어질 수도 있습니다. 마지막까지 우리를 지탱하는 것은 우리가 사랑하는 진리입니다.

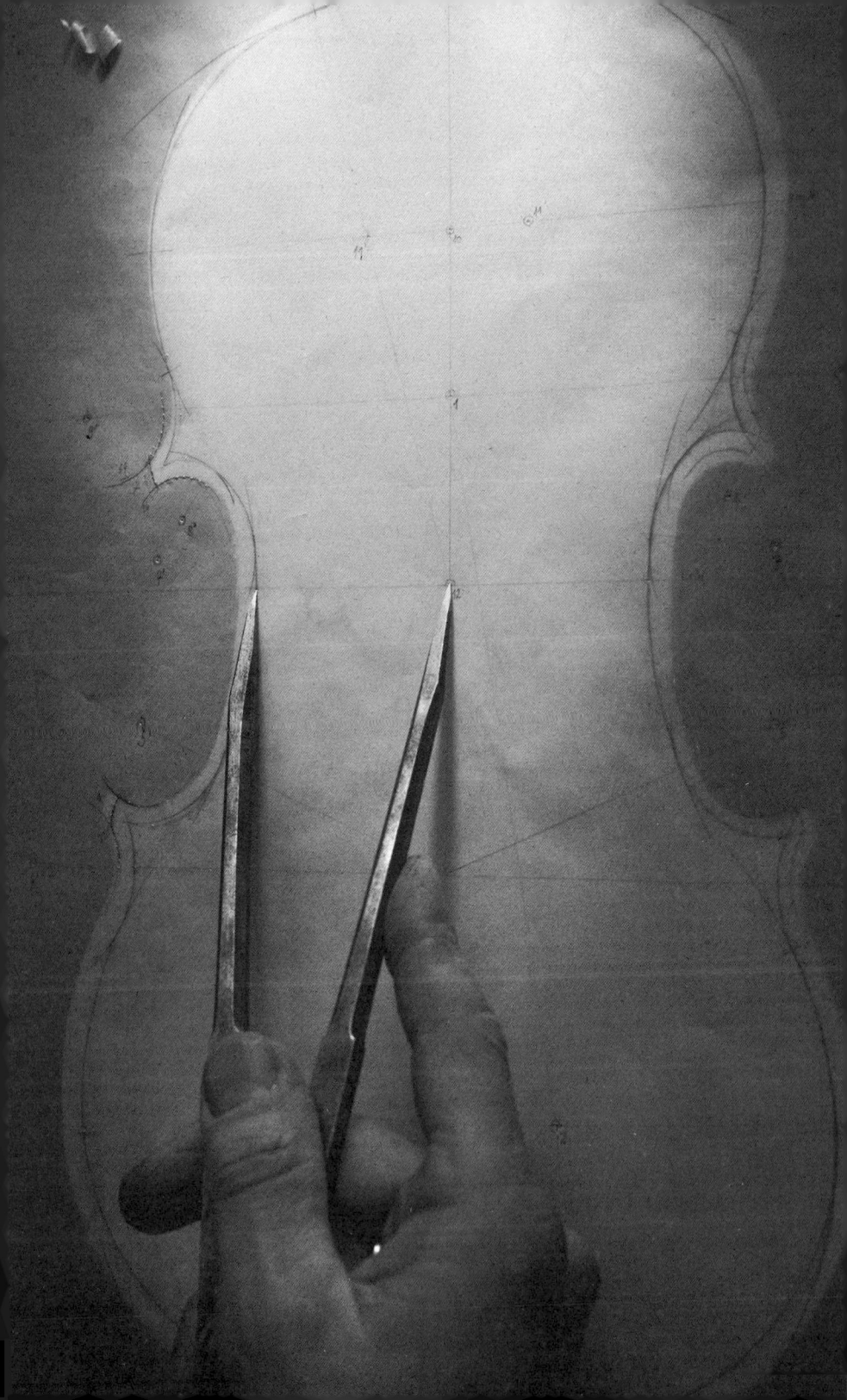

진리에 금 긋기

Week 41

진리에 관해 말하는 사람 중에 필요 이상으로 진리를 둘러 울타리를 치고, 금 긋기 좋아하는 사람들이 있습니다. 네 편 내 편 따지며 진리의 범위를 정하기에 바쁘지요. 예수는 "내 양은 내 목소리를 듣고 나를 따른다(요한복음 10:27)"고 했습니다. 그런데 우리는 어떤가요? "진리를 지키는 게 중요해. 진리에 어긋나는 것은 절대 용납해서는 안 돼. 진리의 경계를 분명히 해야 해. 그 안에만 머물러야 해." 그렇게 진리의 울타리를 꽁꽁 둘러치고는 예수의 목소리조차 듣지 못합니다. 아마 예수는 이렇게 말할 것입니다. "들을 귀를 잃은 사람들이 나를 위해 싸우는구나. 하지만 그들은 나를 지키기는커녕 나를 잃어버리는구나. 다른 생각을 용납하지 못하고, 금 긋기에 전력을 쏟으니 어떻게 내 말이 귀에 들어가겠는가?"

　진리를 사랑한답시고 그 영역을 정하고, 포용 없는 태도로 다른 사람을 배제해서는 안 됩니다. 진리는 이렇게 속삭입니다. "신을 믿는다는 것은 세상을 사랑하는 힘을 키우는 것! 경계를 알려주는 것이 있다면 그것은 오직 사랑뿐이다." 진리의 영역을 정하는 것보다 우리가 의로운 사람인지가 중요합니다. 자꾸만 진리와 진리 아닌 것을 편협하게 규정하고자 하는 조악한 즐거움이 우리를 유혹하지만, 우리는 세계의 탄식을 듣고 힘을 모아 포용하며 앞으로 나아가야 합니다.

Day 1

'교리의 청결'을 '마음의 청결'보다 더 중요하게 여긴다면, 우리의 만남에는 기껏해야 판단만이 있을 뿐, 진리는 없을 것입니다.

Day 2

진리를 우리의 색깔로 물들이는 것은 나쁘지 않습니다. 바이올린은 진동하는 현의 울림을 자신에게 주어진 공명으로 물들입니다. 모든 시대와 문화는 저마다 자기만의 공명을 지닙니다.

Day 3

우리는 서로에게서 신의 형상을 봅니다. 신이 '자신의 형상을 따라 (창세기 1:27)' 인간을 빚었다는 말은 우리가 신이라는 뜻도 아니고, 신이 인간의 모습과 닮았다는 뜻도 아닐 것입니다. 나는 이 말을 하느님이 인간을 통해 자신을 드러내고자 한다는 뜻으로 읽고 싶습니다. 우리가 바로 하느님의 모습을 보여주는 도구라는 의미로 말입니다.

Day 4

사람은 모두 저마다 고유한 가치를 지니고 세상에 태어납니다. 그러므로 우리는 스스로 자기를 존중해야 합니다. 우리는 성숙한 사람이 될 수는 있지만, 완전히 다른 사람이 될 수는 없습니다. 우리는 자기 본연의 모습을 믿고 받아들이며, 조금씩 더 나은 사람이 되어가야 합니다.

Day 5

그 누구도 아닌 우리 자신만이 우리의 소명 안에서 성장할 수 있고, 은혜의 도구로서 울림을 낼 수 있습니다.

Day 6

우리는 모두 자기에게 주어진 존재입니다. 우리가 자신에 대한 성실함과 희망을 잃어버리면 은혜는 그 빛이 바랩니다. 자기에 대한 성실함이란 "넌 다른 사람이 아니라 바로 너야!" 하고 스스로 말하는 것입니다. 자기에 대한 희망은 "네 안에서, 너를 통해서 좋은 일이 이루어질 거야" 하고 스스로 다독이는 것입니다. 우리는 자신을 신뢰하도록 부름받았습니다.

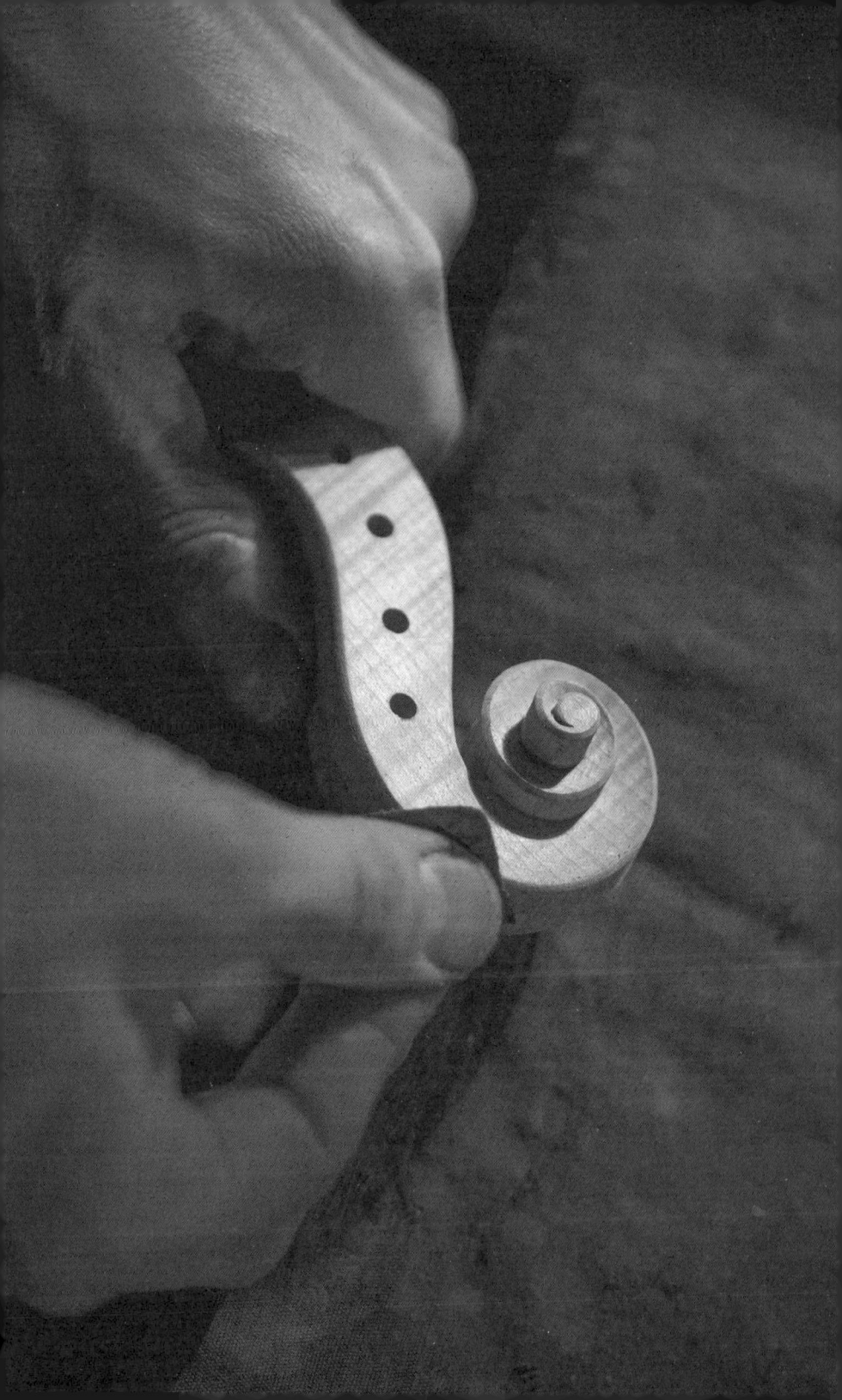

Week 42

숨어 있던 곳을 떠나

하느님은 묻는 분입니다. 하느님이 우리에게 "너는 어디에 있느냐?" 하고 물으실 때 그건 무슨 뜻일까요? 하느님이 우리가 어디에 있는지 몰라서 이렇게 묻는 것일까요? 아마도 이는 "너는 지금 어디쯤 왔느냐? 네게 준 모든 해와 날이 지나갔다. 너는 그동안 너의 세계에서 얼마만큼 나아갔느냐?"(마틴 부버) 하는 물음이 아닐까요? 하느님이 우리에게 준 것들로 우리가 그동안 무엇을 했는지 묻는 것이 아닐까요?

하느님 앞에 설 용기가 없다면 우리는 믿음에 이를 수 없습니다. 우리가 삶에 대한 책임을 회피한다면 우리는 하느님을 찾을 수 없습니다. "너는 어디에 있느냐?"는 질문 앞에서 우리는 피하지 말고 하느님 앞에 나아가야 합니다. 하느님을 피할수록 우리는 점점 더 부조리에 얽매이게 됩니다. 하느님을 만난다는 것은 숨어 있던 곳을 떠나 오래전에 이미 깨달은 진리 앞에 마주 서는 것입니다. 하느님을 찾는 것은 허심탄회한 마음으로 "제가 여기 있습니다! 당신이 옳습니다." 하는 것입니다.

Day 1

마음은 이성과 다르게 인식합니다. 마음은 생각함으로써가 아니라, 일에 참여함으로써 인식합니다. 관계 속에 살 때만 인식할 수 있습니다.

Day 2

그러므로 생각하는 믿음에 기도하는 믿음, 행동하는 믿음, 찬미하는 믿음을 더해야 합니다. 교리에 더하여 신비와 윤리와 의례를 알지 못한다면, 그 사람의 믿음은 독단적인 신념에 빠져 결국 신을 낡은 교리로 전락하게 할 것입니다.

Day 3

내적 깨달음을 거슬러 살아갈수록 우리 내면은 점점 마비되고, 결국 자기 소명이 무엇인지조차 모르게 될 것입니다. 그럴 때 우리가 입을 수 있는 유일한 은혜는 '충격'입니다. 제자리를 맴도는 자아가 궤도를 벗어나게 하는 충격 말입니다. 충격과 함께 드디어 떨치고 일어나 이루고자 하는 목적이 자기 자신이 아님을 깨달을 것입니다. 당신은 내적 깨달음에 따라 살고 있습니까?

Day 4

자기애로 말미암아 목표를 잃어버리지는 않았는지요? 도교道教에서는 길이 곧 목표라고 합니다. 목표를 알지 못하는 길은 길이 아니라는 뜻입니다. 목표가 없는 길은 잘못 접어든 길입니다. 오래 전에 알고 있던 것들을 다시금 통찰할 때, 우리는 진정한 길로 첫 걸음을 내디딜 수 있습니다.

Day 5

"너는 어디에 있느냐?"는 물음 뒤에는 또 하나의 뜻이 있습니다. 그 전까지 하느님은 "이것이 생겨나라, 저것이 생겨나라"는 식으로 말씀하셨고, 그 명령이 이루어졌습니다. 그러나 이제 하느님은 첫 질문을 던집니다. 이는 하느님과 인간 사이 대화의 시작입니다. 그 물음을 통해 비로소 우리는 숨어 있던 곳에서 나와 인간으로 섭니다. 명령을 받은 종이 아니라 하느님께 대답하는 인간으로 나옵니다.

Day 6

하느님 나라의 본질은 노자가 《도덕경》에서 한 말과 상통합니다. 노자는 겸손한 삶에 관해 이렇게 말했습니다. "큰 나라가 아래로 임할 때, 이는 세상이 합쳐지는 지점이 될 것이다." 예수는 바로 낮은 곳으로 임한 하느님입니다.

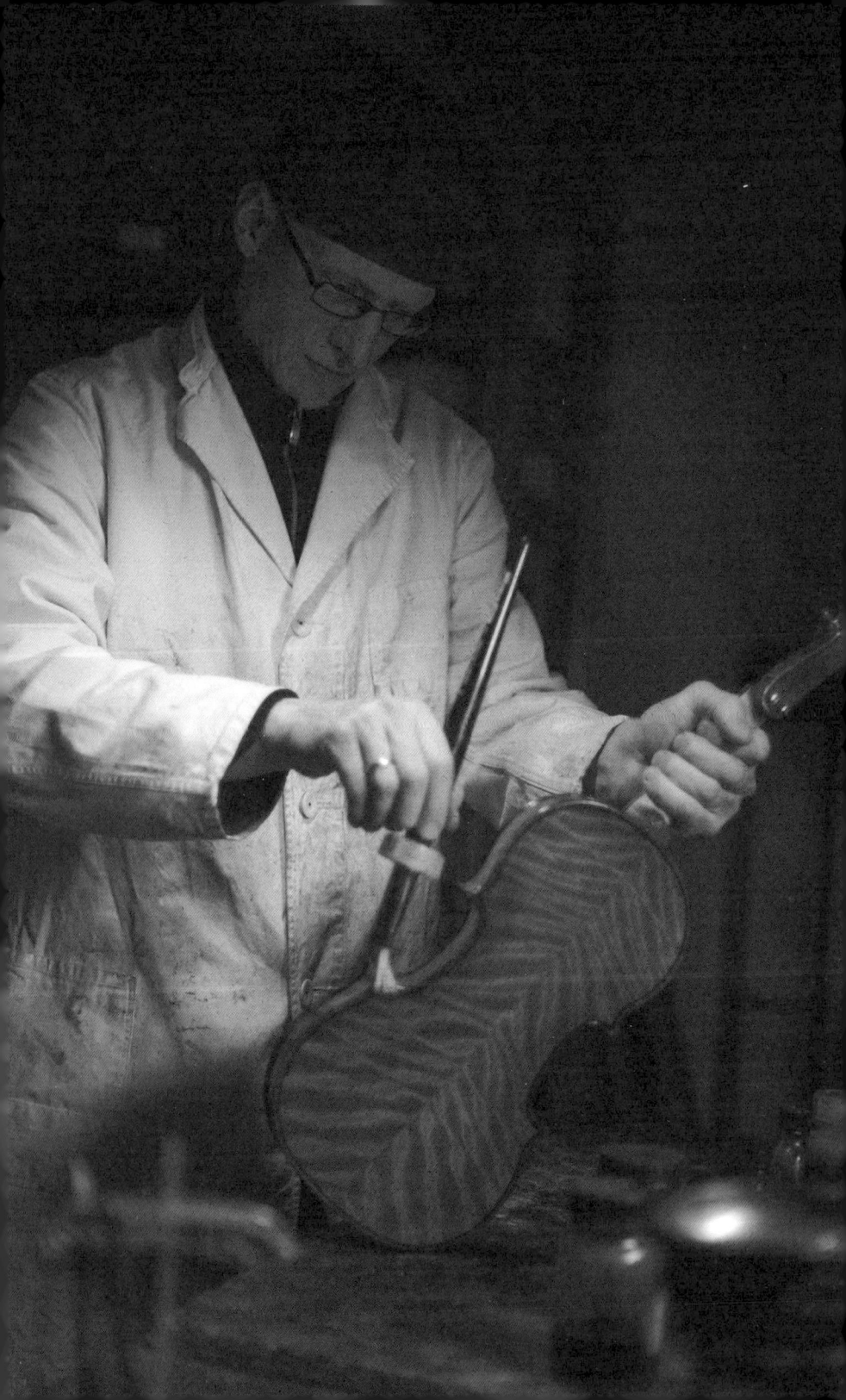

Week 43

좋은 혼합법의 비밀

바이올린 제작 단계 중 가장 아름다운 과정을 꼽으라면 칠하는 과정을 빠트릴 수 없습니다. 칠을 통해 나무는 시각적 아름다움을 얻습니다. 빛나는 옷을 입습니다. 초벌칠의 굴절률은 기적을 일으킵니다. 칠을 통해 가문비나무의 결이 더 깊은 곳까지 들여다보이고, 표면이 입체적으로 살아납니다. 좋은 칠감은 겉으로 드러나지 않고 나무를 살려줍니다. 나무 속에서 환하게 불을 밝힙니다. 고급 칠감에는 수많은 성분이 섞여 있습니다. 어떤 성분을 얼마만큼씩 섞어야 하는지, 그 비율은 전통적 혼합법을 통해 전해 내려옵니다. 그리하여 오늘날 바이올린 장인의 작업장마다 으레 칠감 혼합법이 있습니다. 그 혼합법의 비밀은 사람의 공동생활을 연상케 합니다. 끈끈한 진주알 같은 매스틱검은 칠감에 섞여 유화제 역할을 합니다. 화석처럼 단단한 호박 수지는 칠감 속에서 녹아 아마인유와 합쳐집니다. 불그레한 벤조인은 칙칙함을 거두어 칠이 빛나게 합니다. 이 밖에 알로에, 천연고무 수지, 다마르, 산다락 등 모든 수지가 저마다 지닌 재능을 발휘합니다.

Day 1

좋은 혼합법은 다양한 성분을 조화롭게 섞어 최고의 칠감을 만들어 냅니다. 마치 다양한 재능이 어우러지는 세상이 아름답다고 말하는 것 같습니다. 재능은 따로따로 고독하게 존재할 때가 아니라, 함께 작용할 때 빛을 발합니다. 육체적 재능, 정신적 재능 모두 마찬가지 입니다.

Day 2

각각의 수지는 칠감 안에서 고유의 재능을 발휘하며 녹아듭니다. 사람도 마찬가지입니다. 우리는 모두 고유한 선물을 받았습니다. 우리는 서로 더 존중하고 이해해야 합니다. 신은 사람들에게 재능을 나누어줄 때, 그것이 다른 사람들의 믿음과 사랑 안에서 작용하도록 했습니다. 서로 믿지 않고 존중하지 않으면 우리는 칠감 속에서 녹지 않는 고독한 성분으로 남을 것입니다.

Day 3

수지도, 염료도, 기름도 그 자신을 위해 존재하는 것이 아닙니다. 이들은 적절한 온도에서 적절한 양이 섞일 때, 저마다 지닌 재능을 한껏 발휘합니다. 따뜻한 온도는 사랑을 상징합니다. 우리는 다른 사람의 재능을 귀하게 여겨야 합니다. 다른 사람의 재능을 더 귀하게 여길 때 공동체가 살아납니다. 당신은 공동체를 살리는 사람입니까?

Day 4

충고와 판단의 차이는 긍휼히 여기는 마음이 있느냐 없느냐에 달렸습니다. 긍휼은 아픔을 함께 나누는 것입니다. 마음의 눈으로 보는 것입니다. 당신은 마음의 눈으로 보고 있습니까?

Day 5

하느님은 우리에게 재능을 줍니다. 하지만 그 재능을 인식하고, 환영하고, 발휘하고, 더 발전하게 하고, 실수를 용납하는 것은 우리 몫입니다. 신이 내린 재능을 보호하고 사랑하는 일은 우리에게 달렸습니다.

Day 6

사람들은 하느님이 자신에게 무엇을 주고자 하는지 알고 싶어 합니다. 그러나 하느님은 이렇게 말할 것입니다. "내가 주변 사람들에게 어떤 선물을 주었는지 깨닫는 것이 네 몫이다. 너는 네 삶을 통해 내가 다른 사람들에게 준 선물을 이끌어내어라." 혹시 우리의 시선은 너무 자기 자신에게만, 자신의 재능에만 머물러 있지 않습니까?

에너지를 내주며

Week 44

삽질할 때 흙이 삽의 운동에너지에 제동을 걸듯, 연주할 때는 공기가 바이올린의 진동에너지에 제동을 겁니다. 사실, 악기는 이렇게 제동이 걸려야만 자기 소명을 채울 수 있습니다. 그래야만 바이올린 주변 공기가 음파로 전환되기 때문입니다. 흙이 삽의 힘을 앗아가고, 공기가 바이올린의 에너지를 앗아가는 것처럼, 우리는 우리의 소명에 힘과 에너지를 빼앗깁니다.

지금 우리가 올바르게 살고 있다면, 소명의 삶을 사는 데 힘과 에너지가 필요함을 느낄 것입니다. 우리의 소명이 우리의 에너지를 요구하고, 우리를 둘러싼 세계가 우리의 힘을 뺍니다. 그런데 바로 이것이 우리 마음의 울림을 주변에 전달하는 과정입니다. 그 울림을 통해 우리 내면의 소리가 전달됩니다. 힘이 들지 않다는 것은 소명의 삶을 살고 있지 않다는 뜻입니다.

Day 1

칠은 바이올린 소리에 많은 영향을 미칩니다. 초벌칠이 나무에 스며들면, 나뭇결이 민감해지며 진동하는 현의 소리를 받아들일 수 있게 됩니다. 좋은 칠은 나뭇결의 내적 마찰을 줄여줍니다. 그리하여 바이올린은 자기 몸통 안에서 진동에너지를 적게 소모하고, 더 많은 에너지를 주변에 내줄 수 있습니다. 울림의 형태로 말입니다. 우리가 소명의 삶을 사는 과정도 이와 같습니다. 칠이 나뭇결 사이로 스며들듯이 성령이 우리를 채울 때, 우리는 서로에 대한 겸손과 존경을 배웁니다. 이를 통해 우리는 '내적 마찰'에 에너지를 소모하지 않고 주변으로 에너지, 즉 울림을 전달할 수 있습니다. 그렇게 우리의 재능은 우리 자신이 아닌 우리의 소명에 사용될 수 있습니다.

Day 2

예수는 하느님의 뜻이 반드시 이루어진다고 가르치지 않았습니다. 그 대신 "하느님의 뜻이 이루어지게 하소서"라고 기도하라고 가르쳤습니다. 세상에 일어나는 모든 것이 하느님의 뜻은 아닙니다.

Day 3

우리는 도저히 사랑할 수 없을 것 같은 사람을 하느님 안에서 사랑할 수 있습니다. 그리고 나를 둘러싼 어려움 속에서 하느님을 사랑할 수 있습니다. 이것이 바로 사랑의 진리가 주는 자유로움입니다. 이 같은 신비로움은 다름 아닌 하느님의 영으로, 그분의 사랑으로 우리를 채울 때 경험할 수 있습니다.

Day 4

하느님은 모든 사람에게 다양한 선물을 주지만, 그 다양성을 아우르는 하나의 특징이 있습니다. 바로 사랑입니다! 사랑이 바로 하느님의 속성입니다. 하느님의 영은 우리를 채우는 동시에 우리를 자유롭게 합니다.

Day 5

하느님의 본질로 한 걸음씩 걸어 들어가, 그 본질이 우리를 만들어 나가도록 할 때, 우리는 하느님을 확신하게 될 것입니다. 온전한 사랑을 추구할 때만 온전한 하느님이 있음을 알게 될 것입니다. 당신은 온전한 사랑을 구할 용기가 있습니까?

Day 6

사랑하는 자가 될 때만 우리는 하느님을 알게 될 것입니다. 하느님은 사랑이니까요. 사랑하는 사람은 하느님을 닮습니다. 그를 닮아 가는 것 외에 하느님에게 다가가는 다른 길은 없습니다.

하늘과의 상호작용

Week 45

자신의 바람을 간구하는 기도가 과연 바람직할까요? 나는 스스로 이렇게 묻곤 했습니다. '간절히 구하는 것이 어떻게 알맞은 기도의 형식이란 말인가? 하느님은 내가 필요로 하는 것을 이미 알고 있지 않은가? 간절히 구하는 것은 결국 믿음이 빠진 나불거림이 아닌가? 하느님은 내게 무엇이 필요한지 다 알고 있다는 믿음, 그런 믿음이 부족한 사람의 기도는 한낱 넋두리가 아닐까? 예수는 "기도할 때 이방인처럼 중언부언하지 마라. 그들은 말을 많이 해야 하느님이 들으실 것으로 생각한다. 그들을 본받지 마라. 너희 아버지는 너희가 구하기 전에 너희에게 필요한 것을 이미 알고 있다(마태복음 6:7)"라고 가르치지 않았는가!' 그런가 하면 예수는 우리가 하느님에게 믿음으로 구해야 한다고 가르쳤습니다. 구하는 것에는 정신적인 힘이 있기 때문입니다. 간절한 기도는 굉장한 솔직함을 동반합니다. 간절히 구하는 행위는 자기 마음의 문을 꽁꽁 잠그는 태도, 자기도취적인 태도와 결별하는 것입니다. 이는 자신의 힘만으로는 충분하지 않음을 인정하는 것입니다. 자신의 곤궁과 필요를 인정하고, 스스로 받을 수 있는 사람이 되는 것입니다. 우리가 구하지 않아도 하느님이 알아서 우리에게 하느님의 영을 줄 것이라고 말하는 것은 옳지 않습니다. 〈야고보서〉는 이렇게 말합니다. "너희가 구하지 않기 때문에 받지 못한다."

Day 1

스스로 겸손하고 지혜롭다고 생각하는 어떤 사람이 늙은 수도자에게 가서 이렇게 말했습니다. "사람은 하느님께 뭔가를 구할 필요가 없습니다. 사람은 자족할 줄 알아야 합니다." 그러자 수도자가 쓴웃음을 지으며 대답했습니다. "나도 그리 생각해 하느님께 아무것도 구하지 않았지요. 그랬더니 하느님은 큰 은혜를 베풀어 내게 아무것도 주지 않으셨답니다." 기도는 솔직하게 자신의 곤궁을 인정하는 것입니다. 자기를 도움 받을 수 있는 상태로 만드는 것입니다.

Day 2

생명을 만든 하느님이 생명과 무관하게 행동할까요? 우리가 드리는 기도가 하느님 안에서 아무런 힘을 발휘하지 못한다면 그는 사랑의 하느님이 아닐 것입니다. 우리의 기도는 하느님 안에서, 하느님을 통해 효력을 발휘할 것입니다. 그래서 나는 기도합니다.

Day 3

기도는 단순히 숙이고 들어가는 것이 아닙니다. 기도는 하늘과의 상호작용입니다. 하늘이 나의 기도를 가장 적절한 형태로 이루어준다는 확신이 없다면, 나는 기도하지 않을 것입니다. 기도를 하나 마나 차이가 없다고 여긴다면, 그것은 사랑을 무시하는 신을 믿는 것이나 마찬가지입니다. 기도하는 것과 하지 않는 것에는 분명한 차이가 있습니다.

Day 4

우리가 드리는 모든 기도에는 하느님의 부추김이 작용한다고 확신합니다. 하느님이 가만히 기도를 권할 때 나는 기도할 수도 있고, 하지 않을 수도 있습니다. 그러나 하느님은 기도를 기다립니다. 늘 기도할 수는 없겠지만, 하느님의 부추김에 민감해지고 싶습니다.

Day 5

하느님은 사랑입니다. 그렇기에 하느님은 자신이 사랑하는 사람의 생각에도 관심을 기울입니다. 그러니 모든 기도와 사랑은 의미가 있습니다. 그것은 내 삶의 표현이니까요.

Day 6

행복에 가장 도움이 되는 것은 감사할 줄 아는 마음입니다. 우리는 세상을 거쳐간 선배들 덕분에 수많은 혜택을 누리지만, 그 사실을 종종 잊고 지냅니다. 다양한 지혜와 지식과 문화 앞에서 우리는 머리를 조아려야 합니다. 동시에 우리의 재능을 미미하게나마 다음 세대로 전달해야 합니다.

Week 46

치유에 이르는 자기 망각

우리를 좋은 쪽으로 변하게 하는 유일한 힘은 사랑입니다. 사랑은 접촉하는 모든 것을 거룩하게 합니다. 사랑받는 사람이 되지 않으면 우리는 거룩해질 수 없습니다. 즉 '나는 받는다. 고로 나는 존재한다'는 말이 성립됩니다. 예수가 제자들의 발을 씻긴 이야기(요한복음 13장)가 이를 증명합니다. 이 이야기는 내게 한 가지 질문을 던집니다. '너는 이런 방식으로 하느님의 사랑을 받는 자가 되는 것을 감당할 수 있겠는가?' 하고 말입니다. 하느님이 원하는 거룩함은 '노력하여 얻는' 것이 아닙니다. 그것은 '주어지는' 것입니다. 자신의 단점과 문제점들을 알지만, 예수가 자신에게 다가오도록 기꺼이 허락하는 사람들에게 주어지는 '깨끗함'입니다.

선행을 베푸는 것보다 은혜를 믿는 것이 더 어려울 때가 종종 있습니다. 좋은 일을 할 때, 우리의 시선은 자신을 향합니다. 하지만 이런 태도에는 사랑받음의 본질인 '자기 망각'이 없습니다. 그래서 나는 예수가 발을 씻겨주는 모습을 내 안에 받아들이는 연습을 합니다. 제자들이 죽 둘러앉아 있고, 나도 그 가운데 끼어 있는 모습을 마음속에 그려봅니다. 이제 내 차례가 된 상황을 그려봅니다. 예수가 발을 씻기고 허리에 둘렀던 수건으로 발을 닦아주는 모습을 그려 봅니다. 이런 연습은 내게 다시 한번 묻습니다. '네가 그 사랑을 감당할 수 있는가?' 하고 말입니다. 눈을 감고 이런 모습을 내 안에 받아들일 때, 나는 치유에 이릅니다.

Day 1

거룩하고 가치 있는 삶은 덕을 쌓는 것으로 이루어지지 않습니다. 우리가 높은 곳으로 올라가는 것이 아니라, 하느님이 우리에게 내려와야만 가능합니다. 이는 내 앞에 무릎 꿇고 내 발을 씻기는 예수와 만나는 일입니다. 당신은 그분을 믿습니까?

Day 2

자기가 쌓은 덕을 통해 온전한 인간이 되겠다고, 하느님도 인정할 수 있는 인간이 되겠다고 말하는 사람은, 마치 돼지 저금통을 깨서 세상을 몽땅 사버리겠다고 말하는 어린 소년과 같습니다.

Day 3

은혜를 통해서만 하느님의 영을 받을 수 있습니다. 은혜는 예수가 제자들의 발을 씻긴 물과 같습니다. 그 물처럼 우리에게 값없이 부어지는 것입니다. 우리의 어떤 행동으로 더 풍성해지는 것이 아닙니다. 나는 '발씻김'을 받습니다. 그 일이 일어나도록 그냥 허락합니다.

Day 4

성령은 거룩한 삶의 결과가 아니라, 거룩한 삶의 전제로 주어지는 선물입니다. 우리는 선행을 통해 성령을 받는 것이 아닙니다. 오히려 그 반대입니다. 성령이 우리에게 임하면 우리가 선해집니다. 나는 그 사실을 믿습니다.

Day 5

사랑을 획득해야 한다면, 그것은 사랑이 아니라 '보상'입니다. 사랑은 벌어들이는 것이 아닙니다. 사랑은 은혜의 본질입니다. 사랑은 점수를 모아서 쟁취하는 것이 아닙니다. 그냥 선사받는 것입니다.

Day 6

모든 인간은 그 자체로 자신에게 주어진 선물이자 과제입니다. 모든 인간은 자기 자신에게 맡겨져 있습니다. 은혜를 믿기만 하면 모든 일이 손바닥 뒤집듯이 쉽게 풀리리라 생각하는 것은 은혜를 믿는 것이 아니라, '마법'을 믿는 것입니다. 은혜는 저절로 되는 것을 뜻하지 않습니다. 은혜는 우리가 믿음과 소망과 사랑 가운데서 훈련하고 연습할 때 비로소 효력을 발휘합니다. 믿음으로 단번에 어떻게 될 것처럼, 단박에 모든 것이 해결될 것처럼 요란 떨기는 쉽습니다. 그러나 그렇게 해서는 변화가 일어나지 않습니다. 변화는 한 걸음씩 점진적으로 나아가는 것입니다. 그런 믿음만이 일상을 살아낼 힘을 지닙니다. 자기에게 주어진 일을 제대로 감당하지 않으면서 은혜를 들먹여서는 안 됩니다. 깨달음을 가슴에 새기고 삶을 바꾸는 사람만이 은혜를 이야기할 수 있습니다.

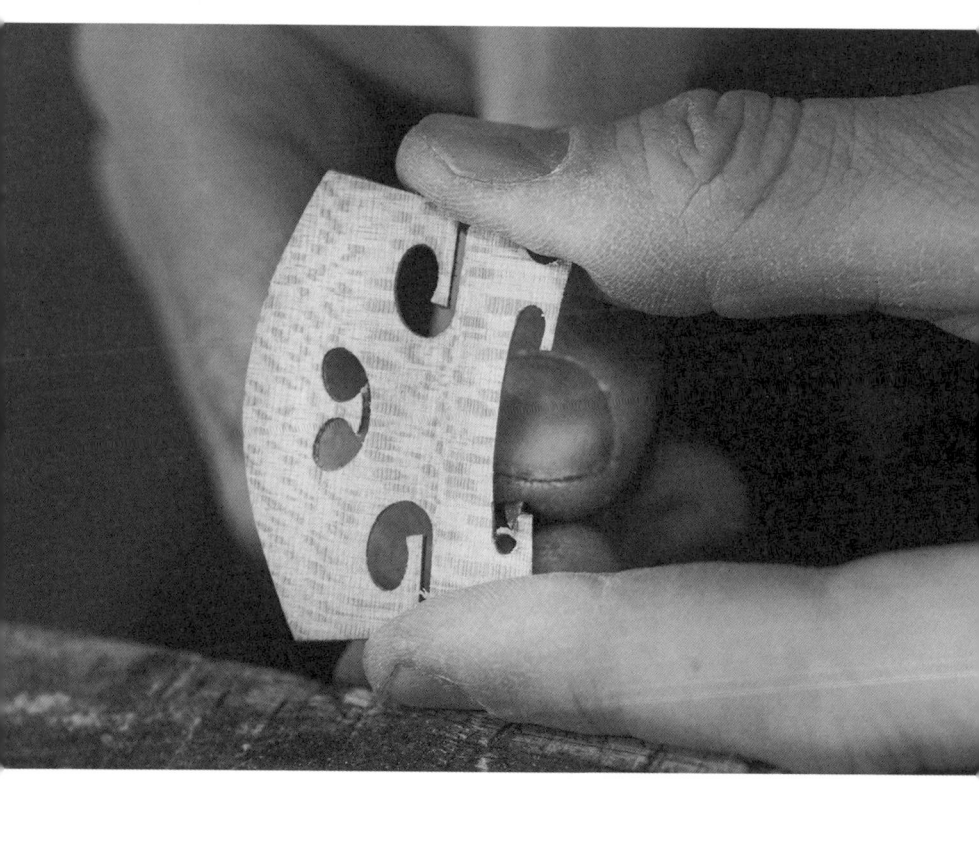

참회의 장소

Week 47

바빌로니아의 《탈무드》에 "참회하는 자가 선 자리에는 완전한 의인도 감히 설 수 없다"는 말이 있습니다. 이는 깨닫고 돌이키는 자리야말로 인간이 나아갈 수 있는 가장 거룩한 장소라는 뜻입니다. 그곳은 은혜의 장소입니다. 참회에 진정한 힘이 있습니다. 참회는 자신의 생명을 다시금 일깨우는 힘입니다. 회개의 자리에 서면 모든 것이 제대로 보입니다. 회개의 장소는 감정이 앞서는 곳이 아니라, 명백하게 돌이키는 장소입니다. 영국 시인 헤릭Herrick, Robert은 이렇게 노래합니다.

"고기 저장고를 비우고 / 송아지 고기와 양고기를 / 치우는 것이 금식입니까? / 고기 접시를 치우고 / 큰 접시에 대신 생선을 / 채우는 것이 금식입니까? / 한 시간 금식하고, 허기진 채로 걷는 것 / 아니면 눈을 내리깔고 부루퉁한 / 모습을 보이는 것입니까? / 아닙니다. 그대의 밀 한 단과 고기를 / 굶주린 영혼에 / 베푸는 것이 금식입니다. / 참된 금식은 다툼과 / 해묵은 논쟁과 / 미움에 끝을 내고 / 그대의 생명에 할례를 행하는 것 / 애통함으로 그대의 마음을 찢고 / 그대의 위장이 아니라 / 죄를 굶주리게 하는 것입니다."

Day 1

인간이 하느님과 자기 자신에게 짓는 가장 큰 죄는 용서를 받아들이지 않는 것입니다. 이는 용서와 돌이킴이라는 문을 통과해 하느님의 사랑 안으로 들어가기를 거부하는 것입니다.

Day 2

탕아蕩兒가 재산을 다 탕진하고 돌아왔음에도, 아버지는 변치 않고 그를 기다리고 있었습니다. 그는 아들이 아직 멀리 있는데도 한 눈에 알아보고 달려와 목을 껴안고 입맞춤했습니다. 농부는 밭에서 잡초를 베버리지 않고, 아버지는 타락의 길로 가는 아들을 쫓아가지 않습니다. 하느님은 사랑받는 사람을 억지로 복종시키지 않습니다. 자신의 유익을 구하지 않습니다. 자신의 유익을 구하다가는 사랑을 망쳐버릴 것이기 때문입니다. 그 대신 아들이 스스로 돌이키기를 기다립니다. 시간을 허락합니다. 무작정 베버리는 것은 성급한 행동임을 아는 까닭입니다.

Day 3

하느님은 우리의 상처 난 부위에 부드러운 치유의 손을 얹고자 합니다. 자기에게 솔직한 사람은 상처 난 부위가 어디인지 깨달을 수 있습니다. 우리의 믿음이 하느님의 손길을 허락할 때 치유가 일어납니다. 우리는 믿음을 통해 하느님을 듣습니다.

Day 4

바이올린을 만들 때, 나는 연장을 사용해 형태를 다듬습니다. 바이올린은 일종의 조각품입니다. 우리의 믿음도 일종의 조각품입니다. 인생길에 경험하는 아름다움과 충만함만이 아니라, 고통과 의심도 우리의 내면을 조각합니다. 고통과 의심도 때로는 믿음을 조각하는 연장이 됩니다.

Day 5

끊임없이 자기의 강함과 약함을 계산하고 진단하는 사람은 자신을 망각하지 못합니다. 자신을 잊는 법이 없습니다. 그러나 자신을 잊는 것은 믿음의 중요한 본질입니다. 믿음 있는 사람은 하느님을 빼고 생각하지 않습니다. 언제나 하느님의 은혜가 자기와 함께함을 믿습니다.

Day 6

내가 얼마나 강한가, 혹은 약한가 하는 것이 문제가 아닙니다. 내가 은혜의 도구인가 아닌가 하는 것이 문제입니다.

| 소망 | Week 48 |

소망이란 무엇일까요? 이야기를 하나 들려 드리겠습니다.

세 사람이 건축 공사 현장에서 일하고 있었습니다. 모두 삽으로 땅을 파고 있었지요. 첫 번째 일꾼은 의욕도 없고 피곤해 보였습니다. 지나가는 사람이 그에게 "지금 뭘 하고 있죠?" 하고 묻자, 그는 "보면 몰라요? 구덩이를 파고 있잖아요"라고 대답했습니다. 두 번째 일꾼은 첫 번째 일꾼보다는 기분이 나아 보였습니다. 같은 물음에 그는 "우린 높은 벽의 기초를 놓고 있지요"라고 대답했습니다. 세 번째 사람은 기쁨과 생동감으로 충만해 있었습니다. 무얼 하고 있느냐는 물음에 그는 "우린 지금 멋진 성당을 짓고 있답니다"라고 대답했습니다.

'노래하는 나무'를 찾아 나서는 우리도 마찬가지입니다. 우리는 첫 번째 일꾼처럼 "보면 몰라요? 산에 오르고 있잖아요"라고 대답할지도 모릅니다. 그러다가 추위가 몰려오고 길이 험해지면 발걸음을 멈춰버리겠지요. 하지만 진정 노래하는 나무를 찾는 사람이라면 세 번째 일꾼처럼 자기가 찾는 나무의 아름다움을 그려보고, 그것으로 만들 바이올린의 순순하고, 청아하고, 역동적이며 빛나는 음색을 상상할 것입니다. 이런 상상이 우리의 발걸음을 날아갈 듯 가볍게 합니다. 울림! 우리는 울림을 위해 좋은 목재를 찾아 나서며 수고를 잊습니다. 살면서 하는 모든 일이 그렇지 않을까요? 소망은 노력에 날개를 달아줍니다. 노래하는 나무를 발견한 순간, 때맞춰 구름이 걷히고 햇살이 환하게 쏟아지던 숭고하고 신비로운 경험을 나는 절대 잊을 수 없을 것입니다.

Day 1

예배 시간처럼 경건한 순간은 우리 마음을 부드럽게 합니다. 부드러워진 마음은 원하는 형태로 빚을 수 있는 찰흙과 같습니다. 마음은 찬미를 통해 부드럽게 반죽됩니다. 찬미와 감사는 찰흙을 반죽하는 도공의 손과 같습니다. 형태를 빚을 수 있는 말랑말랑한 상태를 거쳐, 찰흙은 좋은 그릇으로 다시 태어납니다. 겸손한 마음은 형태를 빚을 수 있는 찰흙과 같습니다.

Day 2

우리는 유리처럼 깨지기 쉽습니다. 꿋꿋이 우리의 길을 가다가도 위기가 닥치면 깨집니다. 우리는 또 밀랍처럼 녹기 쉽습니다. 길을 가다가 의심과 적대심의 열기를 만나면 녹아서 풀어져 버립니다. 그러나 하느님의 사랑이 우리 마음에 스며들면 우리는 말랑말랑한 동시에 단단한 사람이 됩니다. 말랑말랑하지만 녹을 정도로 무르지는 않습니다. 단단하지만 깨질 정도로 딱딱하지 않습니다. 말랑말랑한 것과 단단한 것은 반대의 성질을 지니지만, 거룩한 가슴에서는 하나 될 수 있습니다. 다만 하느님의 사랑이 스며들지 않은 마음은 다른 사람에 대해서는 단단하기만 하고 자기 자신에 대해서는 밀랍처럼 무릅니다.

Day 3

우리는 물리학에서 힘이 작용하는 현상을 배웁니다. 힘은 물체를 움직일 수 있습니다. 그런데 힘을 줘도 물체가 움직이지 않을 때, 힘은 그 물체를 구부리거나 부러뜨리기도 합니다. 하느님은 움직이지 않는 사람을 내버려둡니다. 억지로 움직이려다가 하느님의 힘이 그를 구부리거나 부러뜨릴 위험이 있기 때문입니다. 우리는 깨달은 것을 행하고, 명령받은 것을 연습하여 우리를 움직이게 함으로써 하느님의 힘을 받아들일 수 있습니다.

Day 4

칠감은 악기의 색을 빛나게 합니다. 칠감의 유익은 악기를 아름답게 하는 것 외에 아무것도 없습니다. 물론 칠이 잘 된 바이올린은 나중에 좋은 향기를 지니지만, 향기 역시 넓게 보면 아름다움에 속합니다. 하느님의 영은 우리를 하느님의 사랑으로 인도함으로써 우리 내면을 아름답게 칠합니다. 이런 아름다움 앞에서 유용성을 따질 필요가 있을까요? 베네딕토회 수사였던 슈테펜스키는 아름다움이 우리의 내면을 형성한다고 했습니다. 아름다움은 하느님의 사랑을 상징합니다. 유용성에 관한 물음이 끝나는 곳에서 사랑이 시작됩니다. 하느님이 자기에게 무엇을 줄지 그 유용성을 따지는 것은 세상에서 가장 추한 물음입니다.

Day 5

믿음은 배움의 길입니다. 제자들의 믿음은 예수에 대한 신앙고백으로 시작되지 않았습니다. 예수가 자신에게 배우라고 제자들을 부르는 것으로 시작됩니다. 예수는 제자들을 가르친 세 번째 해에 비로소 "너희는 나를 누구라고 하느냐(누가복음 9:20)?" 하고 물었습니다. 그런데 우리는 처음 믿을 때 이런 질문을 던집니다. 그러나 처음부터 대답할 수는 없습니다. 우선 배우고, 만나고, 들어보아야만 그 질문에 대답할 수 있습니다.

Day 6

바이올린 제작을 배우던 도제 시절, 나는 매일 아침 학교 작업장으로 가서 스승이 악기 만드는 것을 거들었습니다. 스승의 작업 지시에 따라 연장 다루는 법을 익히고, 연장을 하나하나 악기에 대보며 연습했습니다. 연습이 가장 중요합니다. 눈으로 본 것과 머리로 아는 것만으로는 악기를 만들 수 없습니다. 스스로 연장을 다루어보아야 합니다. 독수리 역시 보는 것만으로는 나는 법을 배울 수 없습니다. 스스로 날개를 펼쳐야 합니다. 독수리 어미는 새끼가 날개를 펼 때까지 몰아붙입니다. 편안히 있지 못하게 방해합니다. 소명 역시 그냥 눈으로 보고 아는 것이 아닙니다. 소명은 우리의 삶 자체입니다. 우리를 방해하고, 우리에게 닥치고, 요구하는 일들을 통해 배우고 신뢰하는 것입니다. 예기치 못한 일들이 닥쳐올 때, 우리는 믿음의 날개를 펼쳐야 합니다.

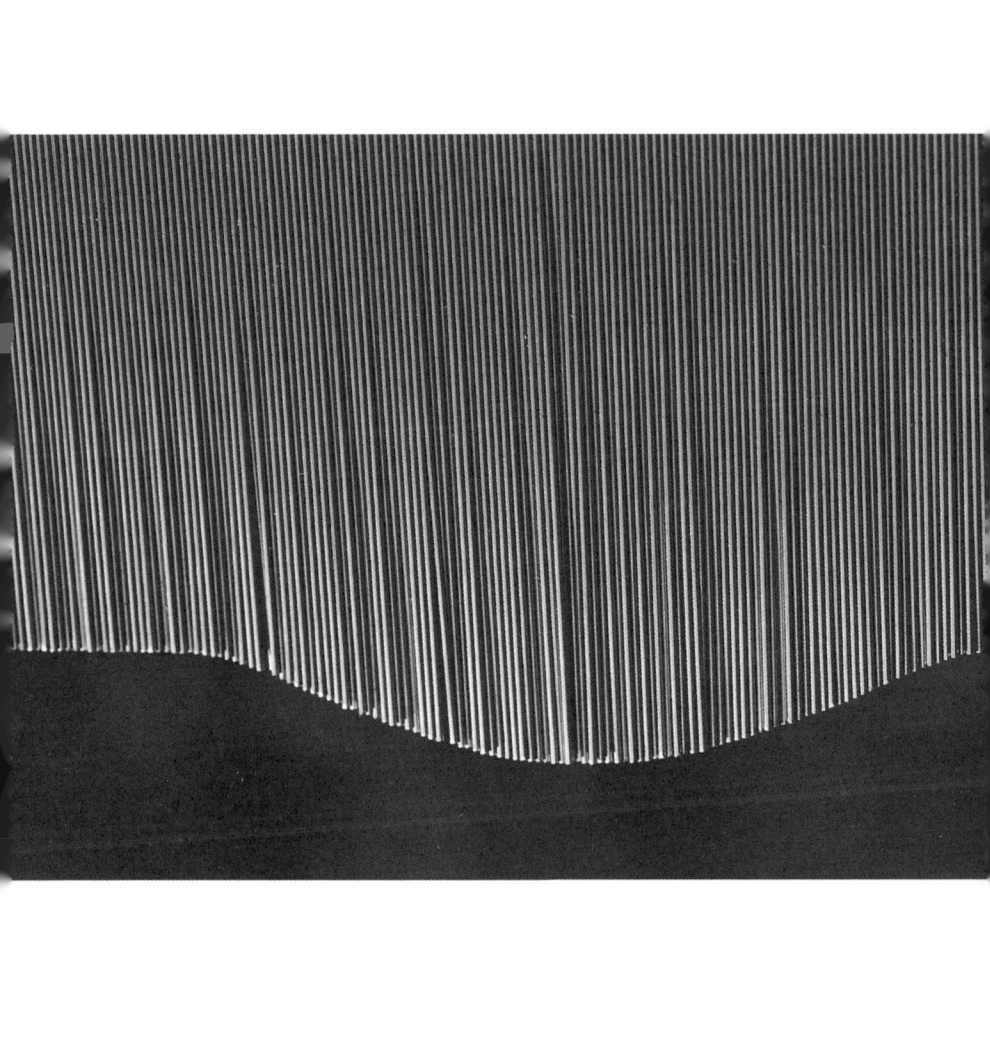

교향곡

Week 49

음악에 '심포니 Symphony (교향곡)'라는 개념이 도입된 것은 16세기입니다. 심포니는 전 오케스트라가 함께 연주하는 다악장 多樂章 형식의 곡을 말합니다. 심포니라는 개념은 '심포니아 Symphonia'라는 말에서 유래했는데, 심포니아는 '함께 어우러지는 울림'이라는 뜻입니다.

인간의 '협연'은 신약 성서의 친숙한 주제입니다. 〈마태복음〉에 "너희 중 둘이 하나가 되어 무엇인가를 구하면 하늘에 계신 아버지가 너희에게 주신다"는 구절이 있습니다. 여기서 '하나가 되다'라는 말에 '심포니아'라는 동사가 쓰였습니다. 예수는 제자들이 똑같아지기를 원한 것이 아니라, 하나 되기를 원했습니다(요한복음 17:21). 똑같아지는 것은 하나 되는 것과 다릅니다. 콘트라베이스나 트럼펫은 바이올린과 똑같지 않습니다. 하지만 교향곡에서 그들은 바이올린과 하나가 됩니다.

하느님의 나라가 이와 같습니다. 우리가 다른 사람이나 다른 공동체와 어우러져 하나 된 소리를 내는 교향곡, 그것이 하느님의 나라입니다. 모두가 자신의 목소리를 지녔으며, 저마다 쉴 때와 연주할 때가 따로 있습니다. 모든 악기가 하나 될 때, 비로소 작곡가의 생각이 청중의 귀에 들립니다.

Day 1

연주자들이 하나가 된다는 것은 모두가 똑같은 음을 연주한다는 뜻이 아니라 '협연'을 한다는 의미입니다. 협연하려면 서로서로 귀를 기울여야 합니다. 이것이 다양한 재능이 어우러지는 데 필요한 기본 조건입니다.

Day 2

교향곡은 각 연주자가 자기 마음대로 연주할 권리를 포기함으로써 완성됩니다. 각 연주자가 얼마나 천재적으로 연주할 수 있는가는 상관이 없습니다.

Day 3

가장 매력적인 연주는 둘이 함께하는 즉흥 연주입니다. 즉흥 연주를 하는 두 사람은 막 빚어져 나오는 음악에 모든 신경을 모아 귀를 기울여야 하며, 상대방을 위해 한 번씩 연주하지 않고 가만히 있어야 합니다. 즉흥 연주는 음악에 자신을 송두리째 내주는 것입니다. 그런 연주는 신뢰와 열린 마음 위에서만 완성됩니다.

Day 4

울림을 듣고 그 음악에 자신을 내주는 사람, 바로 음악가입니다.

Day 5

사랑은 시간을 주는 것입니다. 빛이 그림의 매질媒質이라면, 시간은 음악의 매질입니다. 사랑은 시간을 선물합니다. 음악은 귀로 듣는 사랑입니다.

Day 6

미카엘은 내가 주선해준 1712년산 스트라디바리우스로 오디션을 보았습니다. 그는 자기 능력이 아니라, 악기가 놀라운 음을 내준 덕분에 합격할 수 있었다고 말했습니다. 그는 악기와의 상호작용을 경험한 것입니다! 악기는 미카엘로 하여금 평소와 다른 연주를 하도록 했을 것입니다. 마치 날개를 단 것처럼 편안하게 연주하도록 했겠지요. 악기의 음을 끌어낸 것은 음악가였지만, 악기의 음 역시 음악가 안의 무엇인가를 어루만져 변하게 한 것입니다. 악기와 음악가는 분명 다른 존재이지만, 그들은 상호작용을 통해 공동의 울림을 만들어 냈습니다. 우리도 하느님께 스트라디바리우스처럼 멋진 악기가 되어줄 수 있을까요?

신학자와 예술가

Week 50

의식적으로 사는 사람이 자기 삶의 원칙을 정리해보는 행위는 자연스럽습니다. 삶의 원칙들은 자기 인생의 본질을 보여줍니다. 당신은 어떤 원칙을 가지고 있습니까? 스스로 추구하고 싶은 것, 중요하다고 생각하는 것을 원칙에 담아야 합니다. 좋아 보이는 세간의 원칙들을 빌려도 되지만, 이는 가슴속 깊은 곳에서 동의하는 것이어야 합니다. 원칙을 어기면 삶의 아름다움이 손상된다는 마음가짐으로 그 원칙들을 소중히 여기고 매일 가슴에 새기십시오. 16세기 신학자 루터는 "모든 인간은 신학자다"라고 했고, 20세기 예술가 보이스 Beuys, Joseph 는 "모든 인간은 예술가다"라고 했습니다. 두 사람은 서로 다른 시대를 살았지만, 그들의 말은 일맥상통합니다. 그 의미는 '모든 인간은 자기 삶을 해석하고 형상화해 나갈 과제를 받았다'는 것이 아닐까요? 삶을 해석한 결과가 인생의 최종 결론이 아니라, 한시적인 것이라 해도 다르지 않습니다. 계속해서 삶을 해석하고 만들어 나가는 것이 바로 사람됨의 본질입니다. 모든 인간은 스스로 존재의 신학자이자 예술가가 되어야 합니다.

Day 1

삶의 원칙을 존중하는 사람은 임의로 행동하지 않습니다. 원칙을 존중하는 마음가짐은 자기 형편이 어떠하든지 핑계 대지 않겠다는 용기와 일맥상통합니다.

Day 2

진정성을 중요하게 여기는 사람은 진리에 관심을 기울입니다. 진리는 우리의 문제 있는 행동을 그냥 보아 넘기지 않습니다. 우리가 잘못된 행동을 내버려두면 진리가 도전해옵니다. 진정성을 중요하게 여기는 사람은 자기에게 도전해오는 진리에 관심을 둡니다. 그 진리가 자신을 불편하게 하는데도 귀를 기울입니다.

Day 3

진리가 무엇인지 묻는 것보다 더 중요한 것은 깨달은 진리대로 살 준비가 되어 있는가 하는 것입니다. 내가 진리에서 멀어졌을 때 돌이킬 수 있는가 하는 것입니다. 연약하고 실수투성이인 인간으로서, 우리 행동이 삶의 원칙을 어길 때, 그 원칙은 가시가 되어 우리를 콕콕 찌릅니다. 진정성 있는 사람은 이런 모순 속에서 자기를 변호하기보다 돌이킴을 선택합니다. 오직 돌이킴을 통해서만 자기가 무엇을 믿는지 보여줄 수 있습니다.

Day 4

마음이 순결한 사람은 하느님의 뜻을 따르고 있는지, 자기 뜻을 따르고 있는지 스스로 분간할 수 있습니다. 마음이 저항할 때, 어느 부분에서 돌이켜야 하는지, 어떤 행동을 바꾸고 캐물어야 하는지 스스로 압니다. 인간은 그렇게 돌이키며 성숙의 길로 나아갑니다.

Day 5

진리의 형상은 다른 의견이 전혀 끼어들 틈 없는 객관적인 모습이 아닙니다. 그 까닭은 모든 사람의 주관을 존중하기 위해서가 아닐까요? 예술가든 신학자든, 구도자로 서기를 원하는 사람이 있을 때, 진리는 한 사람도 포기하지 않습니다.

Day 6

인간은 고독을 피할 수 없습니다. 우리는 고독을 견디며, 무엇을 믿고 무엇을 해야 하는지 물어야 합니다. 공동체 안에서 우리는 자꾸만 서로 비교합니다. 비교하지 마십시오. 그 대신 듣고, 묻고, 찾고, 사랑하며 하느님께 고독한 자신을 맡길 준비를 하십시오. 하느님 안에서 충만한 고독을 경험하는 사람에게는 자기 것을 공동체에 내줄 힘이 생깁니다. 자신의 마음을 하얗게 애벌칠한 캔버스로 만드십시오. 그리고 하느님이 당신의 캔버스에 자신을 묘사하도록, 당신에게 가장 적합한 형상으로 만들도록 맡기십시오.

삶의 원칙

Week 51

내 삶의 원칙은 보편적인 것도 아니고, 수정 불가능한 최종 결정도 아닙니다. 살아온 시간을 통해 형성된 의견일 뿐, 권위 있는 발언도, 객관적인 자연법칙도 아닙니다. 나는 내 삶의 원칙을 다음 열 가지로 정리해보았습니다. 하나, 하느님의 인도를 받을 것. 둘, 내 삶이 곧 하느님을 향한 예배임을 명심할 것. 셋, 욕심으로 이루고자 하는 일들을 내려놓을 것. 억지로 집착하는 것은 욕심일 뿐, 의미 있고 중요한 일들은 자연스럽게 오는 것이니. 넷, 분명한 일을 행하는 데 게으르지 말 것. 다섯, 스스로 똑똑하다고 여기지 말고 하느님의 지혜에 놀랄 준비가 되어 있을 것. 여섯, 하느님 앞에서 나의 길을 책임질 것. 모든 것을 도덕적 잣대로 판단하지 말고 나와 동료의 죄를 용서할 것. 일곱, 마음이 깨끗한 사람만이 하느님을 볼 수 있으니 악감정을 멀리할 것. 경탄하는 것은 좋지만 너무 흥분하지는 말 것. 지속적인 기도를 통해 영혼의 고요를 유지할 것. 여덟, 하느님의 신비와 친밀함을 경외할 것. 이웃의 연약함을 긍휼히 여길 것. 아홉, 걱정하는 대신 기도할 것. 걱정거리를 하느님 안에 내려놓을 것. 열, 떠벌리거나 거짓말하거나, 미움이나 날카로움이 묻은 말로 다른 사람에게 상처 주지 말 것. 좋지 않은 소리를 듣더라도 그것을 계속 전달하지 말고 하느님께 맡길 것.

Day 1

연주자는 곡을 파악하고, 자신의 재능과 기량을 발휘하여 곡을 해석합니다. 우리는 모두 삶의 연주자입니다. 아름답고 충만한 삶은 진리의 정수입니다. 그러나 우리는 저절로 그런 삶에 이를 수 없습니다. 연주자가 연습하는 것처럼, 우리 삶에 진리의 진수가 나타나도록 연습에 연습을 해야 합니다. 그 연습을 위해 삶의 원칙이 존재합니다.

Day 2

정해진 인토네이션Intonation(정확한 음높이나 음조)을 무시하는 것은 순수하거나 자유로운 행동이 아니라, 게으르고 멍청한 짓입니다. 진정한 자신감은 원칙을 무시하는 것이 아니라, 원칙을 잊어버리거나 어겼을 때 자신을 엄격하게 다스리는 것입니다. 이런 엄격함이 곧 참회입니다. 참회는 소명으로 나아가는 거룩한 힘입니다. 오로지 자기 자신만을 의지해 살아가는 사람은 이런 힘을 알지 못합니다.

Day 3

확신을 원하는 것은 계속 예민하게 깨어있기보다 이 정도면 되겠지 하는 마음에서 나오는 것이 아닐까요? 확신으로 충만한 신앙 고백은 어려운 과제의 정답과 같습니다. 정답을 맞힐 수는 있습니다. 그러나 풀이 과정을 거치지 않은 채 정답만 베낀다면, 이는 속임수나 마찬가지입니다.

Day 4

배움 없는 믿음은 물음 없는 대답과 같습니다. 예수는 교리에 딱 달라붙어 있으면 복이 있고 안식이 된다고 말하지 않았습니다. 오히려 예수는 "내게 와서 배우라. 그러면 너의 영혼이 쉼을 얻으리니" 하고 말했습니다.

Day 5

깨달은 것을 실천하는 데는 순종하는 마음이 필요합니다. 순종 없이는 모든 깨달음이 공허할 뿐입니다. 깨달음을 행하기 시작하면 더 많은 깨달음이 올 것입니다. 그러나 깨달은 일을 실천하지 않는다면 이미 깨달은 것마저 잃을 것입니다(마태복음 13:12). 유대의 랍비 힐렐Hillel은 이렇게 말했습니다. "행동보다 지혜가 많은 사람은 가지 많고 뿌리 얕은 나무와 같아서 바람이 불면 뿌리가 뽑혀 쓰러지고 만다."

Day 6

우리는 거룩한 삶의 원칙을 인식해야 합니다. 동시에 그것을 우리 자신의 원칙으로 만들어야 합니다. 그것이 바로 '거룩함으로 성장해가는 것'입니다.

삶에 제동 걸기

Week 52

종교적 진리에 관한 문제는 참으로 민감합니다. 이에 관한 질문은 대개 거칠고 시끄럽습니다. 그 소란함 속에서 우리는 서로 엄청난 확신의 힘으로 부딪힙니다. 상대방의 마음에 생채기를 내고, 서로 지배하려 하며, 날카롭게 자기주장을 폅니다. 겉으로 보기에는 진리에 관한 논쟁 같지만, 속을 보면 그냥 알력 싸움입니다. 그 속에서 우리는 상대를 배려하지 않고 독단적으로 자기 신념을 내세우는 데 정신을 쏟습니다. 이는 결국 우위 다툼이며, 논쟁에서 이기는 것이 곧 상대를 누르는 일이 됩니다.

학문적으로 옳고 그름을 밝힐 때는 정확한 증명이 필요합니다. 하지만 믿음의 문제에서는 증명이 아니라, 진실한 보증이 중요합니다. 정신적으로 참된 것을 밝히려면 믿을 만한 보증이 있어야 합니다. 진리의 보증은 인간의 생각이 아니라 인간 그 자체입니다. 학문적 타당성은 실험이나 연구를 통해, 생각하고 증명하는 과정을 통해 밝힐 수 있습니다. 그러나 진리는 학문과 다릅니다. 진리에 관해서는 '와서 보는 것(요한복음 1:46)'이 중요합니다. '맛보아 아는 것(시편 34:9)'이 중요합니다.

나는 지식의 빵으로만 살지 않고, 정신의 확신으로 삽니다. 나는 지식을 습득하지만, 나를 떠받치는 확신을 경험합니다. 나는 파악하는 인간인 동시에 감화된 인간입니다. 그 둘이 같이 가지 않는다면 내 삶은 가련해질 것입니다. 사랑받는다는 확신이 없는 사람의 실존은 가련합니다. 진리의 가장 강력한 보증은 사랑입니다.

Day 1

깨달음보다 더 중요한 것은 용기입니다. 믿는 대로 실천하며 사는 용기 말입니다. 물리학자 바이츠제커Weizsäcker, Carl Friedrich Freiherr von는 언젠가 이렇게 말했습니다. "자신이 믿는 것이 진짜라면 어떻게 살아야 할까? 바로 그 식대로 사는 것이 믿음이다."

Day 2

진리를 깨달았다면, 그 깨달음은 사람의 변화로 나타납니다. 하느님은 증명할 수 없습니다. 보증할 따름입니다. 진리는 인간의 삶 속에 체화되고, 진리를 보증하는 것은 달라진 인간입니다! 〈요한복음〉의 말을 빌리자면 '말이 육신이 되는 것'입니다.

Day 3

우리는 진리를 중요하게 여겨야 합니다. 그런데 그럴수록 진리는 더 큰 힘으로 우리에게 부딪혀옵니다. 그리하여 우리가 열린 마음으로, 부드럽고 친밀한 태도로 다른 사람들을 대하게 합니다. 우리는 하느님을 정의할 수 없습니다. 오직 경험으로만 알 수 있습니다.

Day 4

주황색을 칠할 때, 적당한 보색으로 힘을 뺄 필요가 있습니다. 그래서 엷은 파란색을 입히지요. 엷은 파란색은 눈에 보이지 않습니다. 그러나 보색을 만나 살짝 힘이 빠진 주황색은 놀라운 부드러움과 깊이를 지니게 됩니다. 사람의 생각에도 보색이 필요합니다. 자기 생각에 보완적인 생각을 구하면 부드럽고 성숙한 사람으로 성장할 수 있습니다. 스스로 제동 걸 줄 아는 사람은 스스로 강해집니다.

Day 5

당신은 하느님을 사랑합니까? 혹시 다른 사람이 틀린 방식으로 하느님을 사랑한다고 함부로 판단하지는 않습니까? 그렇다면 명심하십시오. 하느님을 경험하는 문은 무지한 사람에게 열립니다. 무지한 사람은 영적으로 가난한 사람입니다. 우리는 다른 사람의 머리가 되어 그를 가르치려고 그 사람 앞에 선 것이 아닙니다. 서로 발을 씻겨주기 위해 한자리에 섰습니다. 당신이 다른 사람의 발을 씻길 때, 당신의 지식이 하느님에게서 왔음을 깨달을 것입니다.

Day 6

배우는 사람으로 남는 것이 겸손입니다. 나는 확고한 믿음으로 무장한 스승이기보다 믿음의 제자가 되고자 합니다. 권위로만 무장한 채, 매일 새롭게 믿음으로 살고자 하지 않는 스승은 초심자만도 못합니다. 은총으로 깨닫게 되는 것만이 나를 지탱합니다. 믿음은 손안의 물건처럼 쥐고 다닐 수 있는 것이 아닙니다.

Day 7

"하느님은 있는가?" 하는 물음은 '예' 또는 '아니오'로 간단하게 대답할 수 있습니다. 그러나 "하느님은 어떤 분인가?" 하는 질문은 전혀 다릅니다. 이런 물음에는 힘이 있습니다. 믿음이란 "하느님은 어떤 분인가?" 하는 질문에 자신의 삶으로 답하는 것입니다.

❖
❖
❖

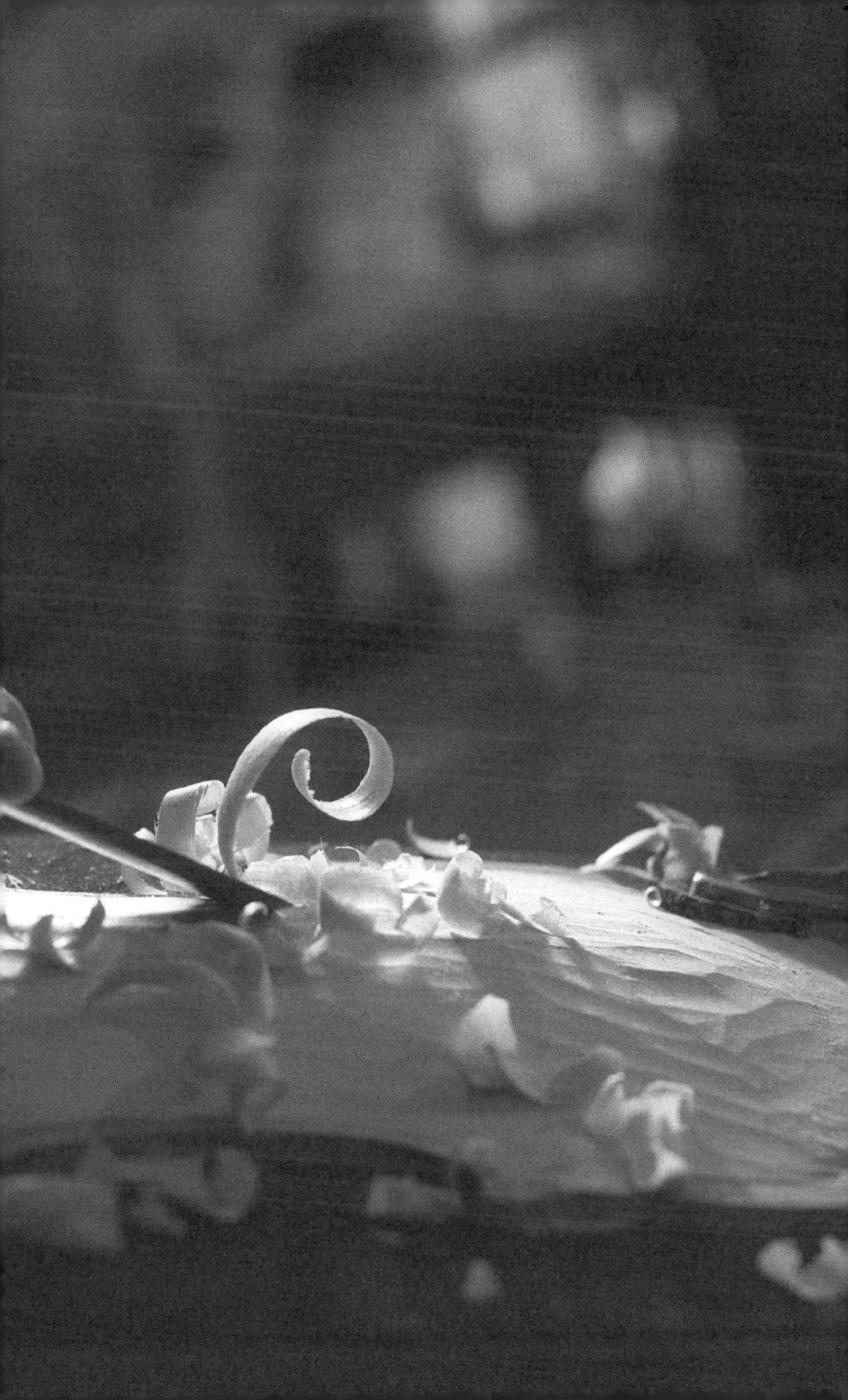

옮긴이의 말
산책길 벤치에 앉아 한 구절 들추고 싶은 책

악기 만들기에 적합한 나무를 고르고, 목재의 특성을 살려 좋은 울림이 나는 바이올린을 만들며, 음이 어긋난 악기를 조율하는 일은 바이올린 장인 마틴 슐레스케의 일상이다. 그는 이 같은 일상에서 순간순간 삶의 지혜를 만난다. 《가문비나무의 노래》에는 마틴 슐레스케가 작업장에서 조우한 생각들이 오롯이 담겨 있는데, 삶을 대하는 그의 지혜가 참으로 보석 같다. 더불어 그의 바이올린 제작 과정을 차분히 담아낸, 도나타 벤더스의 사진 52장이 이 멋진 책을 더욱 빛나게 한다.

  두 사람의 협업으로 탄생한 이 책은 단순히 책이라고만 부르기에는 무엇인가 아쉽다. 《가문비나무의 노래》는 한두 번 읽고 쉽사리 뒷전으로 밀쳐버릴 수 없는 책이다. 평생 곁에 두고 산책길에 지니고 다니다 벤치에 앉아 한 구절 들추고 싶은 책, 마음이 착잡할 때 보물 상자 열듯 책을 펼쳐 지혜 한 모금 들이키고 싶은 그런 책이다.

우리는 모두 하느님의 악기라니, 이 얼마나 근사한 말인가! 못난 나무로도 울림 있는 악기를 만들고 연주하는 하느님께 마틴 슐레스케의 말마따나 스트라디바리우스처럼 멋진 악기가 되어 드리면 참으로 좋겠다. 간혹 둔탁하거나 날카로운 소리를 낼 때도 있겠지만, 그럴 때마다 얼른 다시 마음을 조율해 아름답게 울리는 겸손하고도 당당한 악기가 되고 싶다. 도공의 손끝에서 아름다운 그릇으로 빚어지는 부드럽고 차진 흙처럼, 우리의 마음 상태가 늘 그러했으면 좋겠다.

'아름다운 울림을 위한 마음 조율'이라는 부제 그대로, 이 책은 읽는 이가 마음을 조율하게끔 돕는다. 《가문비나무의 노래》와 함께 우리들의 모든 순간이 카이로스의 시간이 되기를, 사랑이신 그분께 조금 더 사랑의 모습으로 응답할 수 있기를 기도한다.

신앙을 받아들이는 방식이 조금씩 다르다고 서로 반목하는 이 시대, '서로 사랑할 때만 하느님의 일에 참여할 수 있다'는 마틴 슐레스케의 말이 깊은 울림으로 다가온다. 악기를 빚는 하느님의 마음을 되새기며 이 책에 실린 사진들을 오래오래 바라보고 싶다.

2013년 성탄절을 앞두고,
유영미

옮긴이 **유영미**

연세대학교 독문학과와 동 대학원을 졸업하고 전문번역가로 활동하고 있다. 《감정사용설명서》,《왜 세계의 절반은 굶주리는가》,《남자, 죽기로 결심하다》,《고양이 철학자 루푸스》,《인간은 유전자를 어떻게 조종할 수 있을까》, 《내 생의 마지막 저녁식사》 등을 우리말로 옮겼다.

아름다운 울림을 위한 마음 조율
가문비나무의 노래

초판 1쇄 발행   2013년 12월 15일
개정 1쇄 발행   2014년 7월 10일
개정 24쇄 발행   2024년 10월 5일

지은이	마틴 슐레스케
사진	도나타 벤더스
옮긴이	유영미
펴낸이	이혜경
펴낸곳	니케북스
출판등록	2014년 4월 7일 제300-2014-102호
주소	서울시 종로구 새문안로 92 광화문 오피시아 1717호
전화	(02) 735-9515
팩스	(02) 6499-9518
전자우편	nikebooks@naver.com
블로그	blog.naver.com/nikebooks
페이스북	www.facebook.com/nikebooks
인스타그램	www.instagram.com/nike_books
한국어판출판권	ⓒ 니케북스, 2013
ISBN	978-89-94361-14-7 03850

책값은 뒤표지에 있습니다.
잘못된 책은 구입한 서점에서 바꿔 드립니다.